Susann Illing

Die Jugendweihe im Wandel der Zeit –
Ein Fest der Jugend oder ostdeutsche Familientradition?

Vorgeschichte – Hintergründe - Bedeutung vor und nach 1990

Susann Illing

DIE JUGENDWEIHE IM WANDEL DER ZEIT –
EIN FEST DER JUGEND ODER OSTDEUTSCHE
FAMILIENTRADITION?

Vorgeschichte - Hintergründe - Bedeutung vor und nach 1990

ibidem-Verlag
Stuttgart

Die Deutsche Bibliothek - CIP-Einheitsaufnahme:

Ein Titeldatensatz für diese Publikation ist bei
Der Deutschen Bibliothek erhältlich

∞

Gedruckt auf alterungsbeständigem, säurefreien Papier
Printed on acid-free paper

ISBN: 3-89821-018-9
© *ibidem*-Verlag
Stuttgart 2000
Alle Rechte vorbehalten

Printed in Germany

Inhaltsverzeichnis

Teil II

TEIL III

Studie

Einleitung

Die vorliegende Arbeit stellt die Vorgeschichte, die Hintergründe sowie die Bedeutung der Jugendweihe vor und nach 1990 in seiner Komplexität dar. Aufgrund der Kompliziertheit, die die Jugendweihe inne hat, besteht diese Arbeit aus den folgenden drei Teilen:

Teil I beschäftigt sich mit den Anfängen der Jugendweihe im 19. Jahrhundert. Ab dem Jahr 1852 dienten sie in freireligiösen Gemeinden als Ersatz für Konfirmation oder Firmung. Seit Ende des 19. Jahrhunderts und im 20. Jahrhundert wurde diese Weihehandlung von weltanschaulichen, politischen und gesellschaftlichen deutschen Verbänden übernommen. Betroffen sind in erster Linie die Schüler der 8. Klassen, ihre Eltern und Verwandten, die Kirchen aber auch all diejenigen, die sich nach dem Willen der Organisationen für die Realisierung der Jugendweihe verantwortlich fühlen sollten. Mehrere Konfliktkonstellationen prägten deshalb, vor allem in den 50er und 60er Jahren das Bild der Einführung und Durchsetzung der sozialistischen Jugendweihe. Dem der Jugendweihe eigenen Atheismus stand die Gläubigkeit der konfessionell gebundenen Menschen gegenüber. Die an die Organisation der Schule eingebundene Jugendweihe als außerunterrichtliche Praxis der Schüler der 8. Klassen, überschnitt sich gleichzeitig aber mit der Autonomie des selbstgewählten und freigestalteten Jugendlebens.

„Die Versuche der Durchsetzung der Jugendweihe waren deshalb zugleich Teil der konfliktbeladenen Auseinandersetzungen mit den Kirchen und den Formen selbstbestimmten Jugendlebens, wie sie die Jungen Gemeinden darstellten." [1]

Insbesondere stellt Teil I die Formen und Inhalte der Jugendweihe seit ihrem Beginn bis zur Einführung in der DDR dar. Angefangen von dem Gelöbnis, als Höhepunkt

---

[1] WENKER, H.: „Kirchenkampf" in der DDR. Der Konflikt um die junge Gemeinde 1950- 1953. In: VIERTELJAHRESHEFT FÜR ZEITGESCHICHTE 42 (1994), S. 95- 127.

der Jugendweihe, das zur Schaffung einer sozialistischen Identität führen sollte, sowie den Jugendstunden, die den Jugendlichen zur Unterstützung in der sozialistischen Erziehung dienen sollten. Parallel dazu war es mein Anliegen, an den Machenschaften der SED zu zeigen, wie Jugendliche zur Jugendweihe gezwungen wurden. Nicht zuletzt deshalb lassen sich die neunzig Prozent der Teilnehmer in den Jahren 1986- 89 dadurch erklären, daß für die 14jährigen die Konsequenzen einfach zu groß waren, um die Teilnahme zu verweigern. Zeigen werde ich in Teil I, wie die Initiatoren und die betroffenen Jugendlichen, sowie Eltern in den fünfunddreißig Jahren der Jugendweihegeschichte in der DDR verschiedene Strategien entwickelten, um mit den beschriebenen Konflikten umgehen zu können.

An dieser Stelle möchte ich bemerken, daß es sich als sehr schwierig erwies, Arbeitsmaterialien über die Jugendweihe in der DDR zu erhalten, bzw. zu finden. Hauptgrund dieser Angelegenheit war zum einen, daß mir der Zugang zu Archiven verweigert wurde, trotz einer Bescheinigung über mein Vorhaben. Zum andern wurde mir durch ein Telefongespräch mit dem Autor Andreas Paetz ein selbiges Erlebnis geschildert. Der Historiker recherchierte 1993 zusammen mit Sonja Kudella und Heinz- Elmar Tenorth über die Anfänge und Ausführung der Jugendweihe in der DDR.[2] Als er sich nach dem Verbleib der sorgfältig geführten Archive der Ausschüsse erkundigte, teilte man ihm mit, daß diese Unterlagen aus Platzmangel vernichtet worden seien.[3] Somit entstand auch für mich der Eindruck, daß man heut einen großen Bogen um die DDR- Jugendweihe machen möchte, um eventuellen Stellungnahmen zu unangenehmen Fragen aus dem Weg zu gehen. Demzufolge basieren meine Recherchen nur auf wenigen Literaturbeständen.

Mit der Wiedervereinigung wurde die Tradition der Jugendweihe nur unter einem anderen „Vorzeichen" weitergeführt. Teil II schildert die Veränderungsprozesse der Jugendweihe in Ostdeutschland. Zunächst werden die Startschwierigkeiten der neugegründeten Verbände für Jugendweihe dargestellt. Dabei seien auch die Konfliktsituationen nach der Wiedervereinigung zwischen Kirche und den neugegründeten Veranstaltern, die sich aus Beständen der DDR zusammenfanden,

---

[2] Vgl. KUDELLA, HEINZ- ELMAR/ KUDELLA, SONJA/ PAETZ, ANDREAS (Hg.): Politisierung im Schulalltag der DDR. Durchsetzung und Scheitern einer Erziehungsambition. Deutscher Studien Verlag, Weinheim 1996.
[3] Vgl. auch MEIER, ANDREAS (Hg.): Jugendweihe- JugendFEIER. Ein deutsches nostalgisches Fest vor und nach 1990, dtv- München 1998. S. 40.

anzusprechen. Vorwiegend wird das Wort „Weihe" von den Kirchen kritisiert, weil in diesem Zusammenhang mit der Feier keine religiösen Bezüge bestehen.

Nachfolgend werden Parallelen zwischen dem Zentralen Ausschuß für Jugendweihe in der DDR und den heutigen Organisatoren gezogen. Dazu ist es wichtig, die Entwicklung der Veranstalter zu erläutern Explizit dazu stelle ich die Jugendarbeit vor, die heute als Ersatz der zehn Jugendstunden aus DDR- Zeiten durchgeführt wird.

Ist die heutige Jugendweihe wirklich ein Fest der Jugend oder vielmehr ein Relikt der DDR von nostalgischem Charakter? Wenn ja, was war und ist vor allem auch den Eltern der Weihlinge, die ihre minderjährigen Kinder zur Teilnahme anmelden, wichtig an der Feier? Dieses Hauptkriterium wird im dritten Teil meiner Arbeit behandelt.

Um die Familienfeier in ihrer Bedeutung realitätsnah vorzustelllen, sah ich es für sinnvoll an, Interviews mit Jugendlichen aber auch mit ihren Müttern durchzuführen, die in diesem Jahr ihre Feier erlebten. Diesem Vorhaben lag die Überlegung zu grunde, Antworten auf die vorherigen Fragen zu finden. Die Bedeutung der Jugendweihe wird anhand der Befragten nach den Vorgaben der Grounded Theory analysiert. Dabei werden Anmeldung und Vorbereitungsstunden der Jugendlichen zur Jugendweihe vorgestellt.

An dieser Stelle möchte ich mich bei meiner Betreuerin Susanne Weber für ihre Zusammenarbeit bedanken. Herzlichen Dank auch an meinen Ehemann Christhardt Illing für seine intensive Unterstützung bei der Bearbeitung dieser Arbeit. Zu danken ist auch meinen Eltern und Schwiegereltern, Frau Christiane Twelsiek und ihrer Tochter Daniela Twelsiek, all meinen Freunden die mir geholfen haben und schließlich meinen Interviewpartnern, die sich zu einem Interview bereit erklärt haben.

TEIL I

1 Die Anfänge der Jugendweihe seit Mitte des 19.Jahrhunderts

Die Anfänge der Jugendweihe sind durch vielfältige Bestandteile von Organisationsträgern und –formen gekennzeichnet. Ihre Wurzeln reichen bis ins Zeitalter der Aufklärung zurück. Die Jugendweihe wurde erstmals in der zweiten Hälfte des 19. Jahrhunderts von den „freien religiösen" Gemeinden, sowie den ersten formierten Freidenkerverbänden, die sich von den beiden großen Kirchen abgetrennt hatten, als eine die kirchliche Konfirmation ersetzende Feier durchgeführt. Somit ist auf einen Rückblick über den Ursprung und die Entstehung dieses Rituals kaum zu verzichten. Diese nun folgende Darstellung soll dem besseren Verständnis, sowie als Einführung in meiner Arbeit über das Ritual ´ Jugendweihe ` dienen.

1.1 Der Beginn der Jugendweihe im 19. Jahrhundert

Als erste proletarische Jugendweihen können die in einer freireligiösen Gemeinde in Berlin, sowie die in Hamburg am 24. März 1890 durchgeführten Jugendweihen angesehen werden. Die seit ca. 1870 in Berlin existierende freireligiöse Gemeinde gehörte mit zu den mitgliederstärksten Vereinen im freireligiösen 'Bund'. Diese Gemeinden waren weitgehend als Religionsgemeinschaften anerkannt und konnten deshalb ungehindert mehrjährigen Jugendunterricht und Jugendweihen durchführen. Die wachsenden Mitgliederzahlen ermöglichten es erstmals 1889 eine kirchlich unabhängige *Jugendaufnahmefeier* anzubieten. Das Angebot zu einer eigenen Jugendweihefeier wurde von immer mehr Eltern angenommen, denn „... im darauffolgenden Jahr sollen schon bis zu 100 Jugendliche an dieser Jugendweihefeier teilgenommen haben."[4] Vogtherr[5], als erster Redner, konkretisierte die Menschen-

---

[4] MEIER, ANDREAS (Hg.). Jugendweihe- JugendFEIER- Ein deutsches nostalgisches Fest vor und nach 1990- dtv München 1998. S. 144.

würde und die Natur als Ziel ihrer Religion. Er hielt es für angängig, „ ...erhabene menschliche Ideen sowie die schöpferische Kraft der Natur als göttlich zu bezeichnen"[6], wobei sich der Kern auf sittliche und wirtschaftliche Aufgaben zusammenfassen lasse. Im Gegensatz zu Berlin war 1882 in Hamburg eine mehrheitlich von Sozialdemokraten geprägte *Freidenker Gesellschaft Hamburg* entstanden. Anlehnend an den *Deutschen Freidenkerverbund* übernahm sie den, von der proletarischen Bewegung, religionsfeindlichen Inhalt:

„Wir begnügen uns nicht mit der Trennung von Staat und Kirche, von Schule und Kirche und Beseitigung der religiösen Eidesformeln, sondern wir führen einen zielbewußten Kampf gegen die Kirche als Instrument der Herrschenden, einer Stütze der Tyrannen und Ausbeuter."[7]

Aus dieser Entwicklung heraus wurde am 1. Januar 1890 in einer Hamburger Zeitung allen Eltern, die ihre Kinder nicht konfirmieren lassen wollten, eine Schulentlassungsfeier angeboten.

Durch sie werde „auch für alle Kinder, die nicht konfirmiert werden, ein festlicher Mittelpunkt für den bedeutsamen Wendepunkt ihres Lebens geschaffen, [und] ihnen das Gefühl der Vereinsamung genommen"[8].

Anhand dieser Tatsachen stellt sich mir die Frage, ob das 'Phänomen' Jugendweihe in ihrem Grundgedanken nicht doch eine Substituierung für die Konfirmation darstellte. Meier folgend bin ich deshalb der Meinung, daß „...die Jugendweihe als Ersatzveranstaltung für die Konfirmation definiert [ist]."[9] Sie gilt als Ersatz im

---

[5] Vgl. HALLENBERG, BO: Die Jugendweihe. Zur deutschen Jugendweihetradition. Lund 1977. S. 82.
[6] HALLENBERG, BO (Hg.) Die Jugendweihe. Zur deutschen Jugendweihetradition- Lund 1977. S. 82.
[7] ISEMEYER, MANFRED/ SÜHL, KLAUS (Hg.). Feste der Arbeiterbewegung: 100 Jahre Jugendweihe- Elefanten Press Berlin 1989. S. 22.
[8] MEIER, ANDREAS (Hg.): Jugendweihe- JugendFEIER. Ein deutsches nostalgisches Fest vor und nach 1990. Dtv- München 1998 S. 144.
[9] Ebd. S. 145.

zweifachen Sinne: „ Zum einen mußte die kirchliche Handlung ersetzt werden, zum anderen galt es, Jugendliche in die Proletariergemeinschaft einzuführen."[10] Somit bemühte sich die organisierte Arbeiterklasse ihrer proletarischen Gegenkultur in einer lebens- und familienumfassenden Gemeinschaft einen Halt zu geben. Die Jugendweihefeiern sollten, dieser Darstellung zufolge, ein Grund sein „... viele Menschen an proletarischen Feiern aus biographischem Anlaß teilhaben [zu] lassen."[11] So wurden zum Beispiel Kindes- und Lebensweihen anstelle von Taufe und Hochzeit sowie Sonnenwendfeiern anstatt des Weihnachtsfestes durchgeführt.

Die in der Weimarer Republik rund 40 organisatorisch selbständigen Arbeiter-freidenkervereine verbündeten sich 1908 zum *Zentralverband proletarischer Freidenker Deutschlands*. Aus dieser organisierten Freidenkerbewegung spaltete sich in den nachfolgenden Jahren durch die Gründung der *KPD (Kommunistische Partei Deutschland)* eine eigene Gruppierung proletarische Freidenker ab.

Diese organisatorische Aufsplitterung der deutschen Arbeiterklasse am Anfang des 20. Jahrhunderts zeigte sich auch in den von den verschiedenen proletarischen Trägern durchgeführten Jugendweihen.

Die *USPD (Unabhängige Sozialistische Partei Deutschlands)* war zu diesem Zeitpunkt die wichtigste, proletarische Partei, die neue kulturelle Initiativen entfaltete, und 1920 zur stärksten Arbeiterpartei in Berlin und Leipzig aufstieg. Namhafte Vertreter dieser Partei, wie zum Beispiel Adolf Hoffmann, Ernst Däumling u.a. unterstützten die neuen ´gegenkulturellen Einrichtungen`, wie die proletarischen Morgenfeiern als Ersatz des Kirchenbesuchs und die Jugendfeiern. Nach Isemeyers Recherche nahmen Anfang 1919 die Anmeldungen zu der vom Bildungsausschuß der Berliner USPD organisierten Jugendweihen so zu, daß mehrere Feiern durchgeführt werden mußten. „Rund 700 Jugendliche mit über 5000 Gästen nahmen daran teil."[12] Zuvor mußten die Jugendweihlinge einem sechswöchigen Vorbereitungsunterricht durchlaufen, der einmal wöchentlich in Schulen stattfand und das Ziel verfolgte, die Arbeiterkinder in die „Grundgedanken einer sozialistischen Weltanschauung einzuführen."[13] Politik, Ökonomie, Geschichte der Arbeiterbewegung, Religions-kunde und auch sexuelle Aufklärung sollen im Mittelpunkt des Unterrichts, der von sozialdemokratischen PädagogInnen durchgeführt wurde, gestanden haben.

---

[10] Ebd. S. 145.
[11] ISEMEYER, MANFRED/ SÜHL, KLAUS (Hg.): Feste der Arbeiterbewegung: 100 Jahre Jugendweihe- Elefanten Press Berlin 1989. S. 24.
[12] ISEMEYER/ SÜHL: 100 Jahre Jugendweihe./ Berlin 1989. S. 32.
[13] ISEMEYER / SÜHL: 100 Jahre Jugendweihe./ Berlin 1989. S. 25.

Neben der USPD setzte die alte *SPD (Sozialistische Partei Deutschland*) ihre Tradition der Jugendweihe fort. Vertreter dieser Partei, wie zum Beispiel Kurt Löwenstein und Richard Weimann, sowie der, von der SPD geführten, *Sozialistischen Arbeiterjugend (SAJ)* gehörten vor allem dem linken Parteispektrum an. Einer der Hauptaufgaben der SAJ bestand darin, durch öffentliche Veranstaltungen und Vorbereitungskurse für die eigenen organisierten Jugendweihefeiern zu werben. Die Gestaltung der Jugendweihefeiern durch die SPD war weitgehend unpolitisch. „Symbolik, Naturallogien und allgemein gehaltene Appelle [...]"[14] prägten die Jugendfeiern. Die SPD hatte sich nicht das Ziel gesetzt, die Arbeiterjugend politisch zu erziehen, sondern die Jugendweihe als Kulturfest in der Gesellschaft zu verankern. Nach den Worten „... die Arbeit beginnt, der Ernst des Lebens"[15] des sozialdemokratischen Kulturtheoretikers Valtin Hartig[16], sollte den Jugendlichen bewußt werden, daß die kindliche Unbefangenheit ein Ende habe. Die Jugendweihe sollte nicht nur ein Fest der Kultur werden, verbunden mit der Aufnahme in das Erwachsenenalter, sondern auch eine von der Gemeinschaft der Erwachsenen übergebene Aufgabe an ihre Schützlinge sein, und zwar: „Was die Alten begannen, das sollt ihr vollenden: den Neubau der Gesellschaft."[17]

Die ersten seit 1920 nachweisbaren kommunistischen Jugendweihen entstanden aus dem Bedürfnis atheistisch eingestellter MitgliederInnen der KPD. Die Organisation der Jugendweihen übernahmen meist ehemalige, zur KPD übergetretene Mitglieder der SPD, so daß sich die kommunistischen Jugendweihen in Inhalt und Form kaum von den sozialdemokratischen Jugendweihen unterschieden. Ab 1922 versuchte die KPD, im Gegensatz zur SPD ihre Jugendweihen mit kommunistischen und marxistischen Inhalten zu füllen. Sie setzten die Jugendweihe zur Mitgliedergewinnung ein. So nannte zum Beispiel die Reichszentrale der *„Kommunistischen Kindergruppen"* (KKG) als eine ihrer Hauptanliegen „...die Masse der Arbeiterjugend als ´Mitkämpfer für den Kommunismus` zu gewinnen."[18] Dabei versuchten die KursleiterInnen in den Vorbereitungskursen den Jugendlichen Grundbegriffe des ´roten Katechismus` ,sowie Grundwerte sozialistischer Gesinnung

---

[14] ISEMEYER/ SÜHL: 100 Jahre Jugendweihe./ Berlin 1989. S. 26.
[15] MEIER, ANDREAS (Hg.). Jugendweihe- JugendFEIER- Ein deutsches nostalgisches Fest vor und nach 1990- dtv München 1998. S. 143.
[16] Vgl. MEIER/ Jugendweihe- JugendFEIER. Ein deutsch- nostalgisches Fest vor und nach 1990- dtv München 1998 S. 143.
[17] HARTIG, VALTIN in: MEIER/ Jugendweihe- JugendFEIER/ München 1998 S. 143.
[18] ISEMEYER/ SÜHL: 100 Jahre Jugendweihe./ Berlin 1989. S. 25.

und des proletarischen Klassenkampfes oder -zieles, möglichst jugendgemäß zu vermitteln. Um die Jugendlichen zu einer eindeutigen Position für den Klassenkampf und zur Organisation in der kommunistischen Partei zu bewegen, legten die KommunistInnen großen Wert auf die Überreichung von Gedenkbüchern zur Jugendweihe, wie „Mein Genosse" und „Kampfgenosse". Sie enthielten eine Sammlung von Liedern, Gedichten und Texten deutscher und sowjetischer Schriftsteller. Vielleicht war gerade diese eindeutige Aufforderung zur Stellungnahme einer Partei gegenüber ein Hauptgrund dafür, daß die Teilnehmerzahlen der kommunistischen Jugendweihen weit hinter den Erwartungen der KPD zurückblieben, und zu keinem Zeitpunkt die Zahlen der SPD und der Freidenkerorganisationen erreichen konnten. Waren zu Beginn der Weimarer Republik noch weitaus mehr Jugendliche an den Feiern der bürgerlichen Freidenker und Freireligiösen zu verzeichnen, so gewann innerhalb weniger Jahre die proletarische Freidenkerbewegung die Schlüsselstellung in der Jugendweihebewegung.[19]

Am Anfang der 30er Jahre erhielt die Jugendweihe bei vielen Arbeiterschichten eine breite Akzeptanz, ungeachtet ihrer parteipolitischen oder weltanschaulichen Haltung, die zu einer Herausforderung der Kirche führte. Somit war abzusehen, daß zunächst die *Konservative Presse* die Jugendweihe als ein 'gottloses' Fest benannte und ihr Verbot verlangte.[20] Erst durch die *Verordnung des Reichspräsidenten zur Bekämpfung politischer Ausschreitungen* von 1931 spitzte sich die Lage zu und die Durchführung der Feier schien ihr Ende zu haben. Werbung und Vorbereitungsunterricht für die JugendweiheteilnehmerInnen wurden durch staatliche Stellen unmöglich gemacht. Deshalb versuchte die KPD vorbereitende Komitees für die Schulentlassungsfeier der werktätigen Kinder[21] zu initiieren. Die Verpflichtung dieses Komitees war, Vorbereitungskurse auf marxistisch- leninistischer Grundlage durchzuführen. Laut Isemeyers kann davon ausgegangen werden, daß diese Anweisung nur noch in wenigen Orten umgesetzt wurde. Der Verfasser begründet es damit, daß alle kommunistischen Organisationen damit beschäftigt waren, sich auf die Illegalität vorzubereiten.[22] Mit der Errichtung der faschistischen Diktatur ,und den in den darauffolgenden Jahren durch die Nationalsozialisten   ausgesprochenen

---

[19] Vgl .ISEMEYER/ SÜHL: 100 Jahre Jugendweihe. / Berlin 1989. S. 25- 28. bzw.
    Vgl. HALLENBERG, BO.(Hg.). Die Jugendweihe. Zur deutschen Jugendweihetradition- Lund, 1977. S. 135- 139.
[20] Vgl. ISEMEYER/ SÜHL: 100 Jahre Jugendweihe./ Berlin 1989. S. 32.
[21] Vgl. Ebd. S. 32.
[22] Vgl. ISEMEYER/ SÜHL: 100 Jahre Jugendweihe./ Berlin 1989. S. 26- 29.

Verboten von KPD, SPD und der proletarischen Freidenkerorganisation, wurde auch die Durchführung und der Vorbereitungsunterricht von Jugendweihen untersagt. Da im Faschismus eine Veranstaltung, an der sehr viele Jugendliche teilnahmen, nicht auf Dauer in der Zuständigkeit einer nicht staatlichen 'privaten' Organisation bleiben konnte, war es die fast logische Konsequenz, daß die Nationalsozialisten nach der Etablierung ihres Staates die Ausgestaltung und den Inhalt für die Jugendweihen in ihre staatliche Verantwortung übernahmen. Die kategorische Umbenennung der Jugendweihefeier (1941) in die sogenannte *Verpflichtungsfeier*[23] kann als Abschluß der langwierigen Versuche der Inbesitznahme der Jugendweihe durch die nationalsozialistische Bewegung verstanden werden. Jedoch scheiterte die breite Akzeptanz dieser Feier am Widerspruch der evangelischen Kirche und an der Ablehnung durch die Arbeiterschaft.

1.2 Die Reaktivierung und die Einführung einer staatlichen Jugendweihe in der DDR

1.2.1 DER EINFLUß DER SED AUF DIE REAKTIVIERUNG DER JUGENDWEIHE

Es ist nicht der Sinn meiner Arbeit die Geschichte der Jugendweihe in der DDR in allen ihren Phasen vorzustellen. Die Haltung der SED zur Jugendweihe in den fünfziger Jahren wird dennoch ohne einen kurzen Blick auf die Kirchenpolitik kaum verständlich sein.

Da nach 1945 in der *Sowjetischen Besatzungszone (SBZ)* und später in der im Oktober 1949 gegründeten *Deutschen Demokratischen Republik (DDR)* ein gesellschaftlicher und politischer Umbruch stattfand, war auch die Feier der Jugendweihe einem mehrjährigen 'Klärungsprozeß' unterworfen. Die aus der früheren KPD und SPD entstandene *Sozialistische Einheitspartei Deutschland (SED)* übernahm mit der Gründung der DDR die Machthierarchie. Zunächst war die SED an der Durchführung und Organisation eigener Jugendweihen nicht interessiert. Diese Haltung hatte zwei verschiedene Ursachen. Erstens resultierte sie zum damaligen

---

[23] Vgl. MEIER, ANDREAS (Hg.) Jugendweihe- JugendFEIER.- Ein deutsches nostalgisches Fest vor und nach 1990. Dtv- München 1998. S. 180.

Zeitpunkt aus der Verfolgung einer „Doppelstrategie" [24] gegenüber der evangelischen Kirche, „... die zum einen auf eine Verdrängung der Kirche aus dem öffentlichen Leben und zum anderen auf eine möglichst weitgehende Eingliederung von Christen und Geistlichen in der DDR hinauslief."[25] Zugleich erkannte die SED aber auch, daß eine eigene staatlich unterstützte Jugendweihefeier von der evangelischen und katholischen Kirche als Konkurrenzveranstaltung zur Konfirmation und zur Kommunion angesehen werden konnte. Um die religiösen Gefühle der vielen kirchlichen Mitglieder nicht zu verletzen, wurde öffentlich zur Toleranz zwischen Christen und Marxisten aufgerufen. Der Leiter der Abteilung für Kultur und Erziehung im ZK der SED Stefan Heymann begründete diese Parteihaltung mit dem gewandelten Verhältnis zwischen Kirche und Arbeiterklasse gegenüber der Zeit vor 1933. Unter Hinweis auf das loyale Verhältnis der Kirchen zum Staat in der DDR erklärte Heymann „... es für politisch falsch, Jugendweihen durchzuführen." [26] Um die Mitarbeit der wirklich demokratischen Kräfte in den Kirchen zu gewährleisten, sei eine ideologische Auseinandersetzung zwischen Christen und Marxisten unbedingt zu vermeiden.[27]Zweitens war die SED keineswegs daran interessiert, die Jugendweihe der proletarischen und freireligiösen Gruppierungen zu übernehmen, da diese „... eine Form des Klassenkampfes gewesen [ist], gerichtet gegen die Bildung und Erziehung beherrschenden Instrumente des bürgerlichen Staates."[28] Aus diesen genannten Beweggründen legte das Sekretariat des *Zentralkomitee (ZK)* der SED im Februar 1950 in einem Beschluß fest, daß „... von der Partei, den Gewerkschaften, der FDJ u.s.w. im Sinne der früheren Freidenkerverbände nicht [mehr] Jugendweihen durchgeführt werden."[29] Anlehnend daran war jeder „... sogenannte weltanschauliche Unterricht [...] zu unterlassen."[30] Statt dessen sollten von der *Freien Deutschen*

[24] Vgl. WENTKER, HERMANN: Die Einführung der Jugendweihe in der DDR. In: MEHRINGER, HARTMUT (Hg.): Von der SBZ zur DDR. Studien zum Herrschaftssystem in der Sowjetischen Besatzungszone und in der Deutschen Demokratischen Republik. München 1995, S.141.
[25] WENTKER, HERMANN: Die Einführung der Jugendweihe in der DDR. In: MEHRINGER, HARTMUT (Hg.): Von der SBZ zur DDR. Studien zum Herrschaftssystem in der Sowjetischen Besatzungszone und in der Deutschen Demokratischen Republik. München 1995, S. 141.
[26] URBAN, DETLEF: Jugend ohne Bekenntnis?: 30 Jahre Konfirmation im anderen Deutschland 1954 –1984. Wichern- Verlag GmbH, Berlin 1984, S.21.
[27] Vgl. MEIER, ANDREAS (Hg.): Jugendweihe- JugendFEIER. Ein deutsches nostalgisches Fest vor und nach 1990. Dtv.- München 1998. S. 188- 193.
[28] ISEMEYER, MANFRED/ SÜHL, KLAUS (Hg.). Feste der Arbeiterbewegung: 100 Jahre Jugendweihe. Elefanten- Press, Berlin 1989. S. 115.
[29] MEIER, ANDREAS (Hg.). Jugendweihe- JugendFEIER. Ein deutsches nostalgisches Fest vor und nach 1990. dtv.- München 1998. S. 187.
[30] Ebd. S. 187.

Jugend (FDJ) [31], in Verbindung mit den Volksämtern, eigene Schulentlassungsfeiern organisiert und durchgeführt werden. Dabei wurden die FDJ von Parteiorganisationen, dem *Freien Deutschen Gewerkschaftsbund (FDGB)*, dem *Kulturbund* und dem *Deutschen Frauenbund (DFB)* unterstützt. Der Rückzug aus der Diskussion um die Jugendweihe hatte für die SED unvorhersehbare Folgen. Da viele Eltern die Jugendweihe auch als ein traditionelles Fest sahen, waren sie bereit, ihre Kinder zur Christenlehre zu schicken und konfirmieren zu lassen. Vor allem die engagierte Arbeit der kirchlichen Jugendkreise machte es möglich, daß die Zahl der mitarbeitenden Mitglieder im Jahr 1952/53 bis zu 60 % der Oberschüler betrug. Diese Zahl war so besorgniserregend, daß der damalige Vorsitzende der FDJ, Erich Honecker, von getarnten Agenten sprach. Unter diesen Umständen ist es erklärlich, daß im Jahre 1954 eine grundlegende Wendung der SED- Führung in ihrer Haltung gegenüber der Jugendweihe stattfand.

1.2.2 DIE EINFÜHRUNG EINER STAATLICHEN JUGENDWEIHE IN DER DDR

Vier Jahre nach dem Verbot der Jugendweihen argumentierte die SED am Ende des Jahres 1954, daß:

„Gegenwärtig [...] von vielen Eltern, die keine innere Bindung zur Kirche haben, Kinder in die Kurse zur Vorbereitung der Konfirmation und der Kommunion geschickt [werden], da keine andere Einrichtung zur feierlichen Einführung der Kinder in den neuen Abschnitt ihres Lebens nach dem Verlassen der Grundschule vorhanden ist. Um diesen Zustand zu beenden, wird im Interesse der Verstärkung der Staatsbürgerlichen Erziehung schon in diesem Jahr mit der Vorbereitung und der Durchführung von Jugendweihen ab 1955 begonnen."[32]

---

[31] Die im März 1946 gegründete, aus verschiedenen antifaschistischen Jugendausschüssen hervorgegangene FDJ agierte als einheitliche überparteiliche Jugendorganisation, wobei in deren Kindervereinigungen reformpädagogische Ideen präsent waren. VGL.GEIßLER, GERT/ WIEGMANN ULLRICH (Hg.): Schule und Erziehung in der DDR. Studien und Dokumente. Luchterhand, 1995. S. 85.

Das Augenmerk des Politbüros richtete sich auf den Inhalt der Jugendweihe, denn „der Charakter unserer Jugendweihe [muß] ein anderer sein" als der im Kaiserreich und in der Weimarer Republik durchgeführten Jugendweihen.[33] Die Feier sollte eine Einführung der Kinder in den neuen Abschnitt ihres Lebens sein und zur Stärkung der staatsbürgerlichen Erziehung dienen. Welche Veranstalter dabei agieren sollten, wurde nicht deutlich. Somit schien es für die Teilnehmer und deren Angehörige wohl selbstverständlich gewesen zu sein, daß die SED für die Durchführung verantwortlich ist.[34] Weiterhin beauftragte das Politbüro den Pädagogen Wilhelm Schneller[35], sich an den Vorbereitungsarbeiten für die Durchführung der ersten offiziellen Jugendweihen zu beteiligen. Unter seiner Leitung konstituierte sich im August 1954 ein Initiativkomitee, das die Schaffung eines *Zentralen Ausschusses* vorbereitete. Zudem erarbeitete dieser Ausschuß einen Gründungsaufruf, den er an 23 „ausgewählte" beziehungsweise „namhafte" Persönlichkeiten[36] sandte, um sie zur Unterzeichnung und zur Mitarbeit zu gewinnen.

Ausgehend von einem gewachsenen Bewußtsein der Jugendlichen und ihrem Mitwirken „... am Aufbau ihres Lebens, der Gesellschaft und des Staates" sollte die Jugendweihe, so der Aufruf, ein „ Kraftquell für die weitere Entwicklung der jungen

---

[32] MÄHLERT, ULRICH; STEPHAN, GERD- RÜDIGER: Blaue Hemden, Rote Fahnen. Die Geschichte der Freien Deutschen Jugend. Leske und Budrich, Opladen 1996. S. 128.

[33] Vgl. RÖßLING, UDO: Jugendweihe in der Deutschen Demokratischen Republik. In: ISEMEYER, MANFRED/ SÜHL, KLAUS (Hg.): Feste der Arbeiterbewegung: 100 Jahre Jugendweihe. Elefanten-Press, Berlin 1989. S. 115.

[34] Vgl. MEIER, ANDREAS (Hg.). Jugendweihe- JugendFEIER. Ein deutsches nostalgisches Fest vor und nach 1990. dtv.- München 1998. S.195

[35] Wilhelm Schneller war vor der Einführung der staatlichen Jugendweihen noch persönlicher Referent des Staatssekretärs Joachim Laab im Ministerium für Volksbildung. Er wurde als DDR- Pädagoge durch die Beteiligung der ersten Vorbereitungen von Jugendweihen bekannt. Vgl. dazu: TENORTH, HEINZ ELMAR/ KUDELLA, SONJA U.A. (Hg.): Politisierung im Schulalltag der DDR. Durchsetzung und Scheitern einer Erziehungsambition. Deutscher Studien Verlag- Weinheim 1996. S. 201.

[36] Unter diesen namhaften Persönlichkeiten waren unter anderem die Schriftsteller: Anna Seghers, Stephan Hemlin sowie die Pädagogen und Schulpolitiker Paul Wandel, Werner Dorst, Hans Joachim Laab u.a.m. Vgl. dazu: WENTKER, HERMANN: Die Einführung der Jugendweihe in der DDR: Hintergründe, Motive und Probleme. In. MEHRINGER, HARTMUT (Hg.). Von der SBZ zur DDR. Studien zum Herrschaftssystem in der Sowjetischen Besatzungszone und in der Deutschen Demokratischen Republik. R. Oldenbourg Verlag, München 1995. S. 147.

Menschen" und zugleich Ansporn sein, „... alle ihre Fähigkeiten zum Wohle ihres Vaterlandes zu entfalten." [37]

Folgend fand am 8. November 1954 unter der Federführung des Abteilungsleiters im Ministerium für Kultur, Rudolf Hartig, eine Beratung statt. Deren Teilnehmer beschlossen die Gründung des *Zentralen Ausschusses für Jugendweihe (ZAJ)* und legten einen ersten Arbeits- und Themenplan fest, der zugleich das erste Jugendstundenprogramm[38] darstellte. Die vom Politbüro festgelegten Aufgaben dieses Ausschusses bestanden vorwiegend in der Herausgabe der Richtlinien für die Jugendweihe, die Popularisierung der Jugendweihe durch Veröffentlichungen in Rundfunk und Presse und die Erstellung des Vorbereitungsunterrichts und des Lehrplans. Die SED erwartete zu den ersten Jugendweihen eine Teilnehmerzahl von ca. 100.000 Weihlingen. Das wären 31,5% der ca. 315.000 gleichaltrigen Schüler. Um möglichst viele Eltern zur Teilnahme ihrer Kinder an der Jugendweihe zu bewegen, wäre eine finanzielle Belastung der Familien ein 'Eigentor' bei der Erreichung der hohen Erwartungen gewesen. Demzufolge wurden die Veran-staltungen den Bürgern, wie eine 'staatliche Sozialmaßnahme', völlig kostenlos angeboten.[39]

Nach den Ausführungen von Meier gab es folgende Gründe, die zur Einführung der Jugendweihe in der DDR führten. Zum einen waren durch den erfolgreichen Abschluß des 1. Fünfjahrplanes in der Übergangsperiode vom Kapitalismus zum Sozialismus entscheidende Schritte in der Entwicklung des gesellschaftlichen Systems zur Schaffung des Sozialismus auf deutschem Boden getan, zum anderen konnte die Parteiführung der SED erstmalig der Schule in der DDR ein sozialistisches Erziehungsziel stellen. Die deutsche demokratische Schule hatte demnach die Aufgabe, „... Patrioten zu erziehen, die ihrer Heimat, dem Volke, der Arbeiterklasse und der Regierung treu ergeben sind." [40] Wie eng die sozialistische Schule und die sozialistische Jugendweihe aufeinander bezogen waren, macht eine

---

[37] RÖßLING, UDO: Jugendweihe in der Deutsche Demokratischen Republik. In. ISEMEYER, MANFRED/ SÜHL, KLAUS (Hg.): Feste der Arbeiterbewegung: 100 Jahre Jugendweihe. Elefanten-Press, Berlin 1989. S. 117.
[38] Der Begriff Jugendstundenprogramm wird im Kapitel 2.2. ausführlicher behandelt.
[39] Vgl. MEIER, ANDREAS (Hg.): Jugendweihe- JugendFEIER. Ein deutsches nostalgisches Fest vor und nach 1990. Dtv.- München 1998. S. 195f.
[40] MEIER, ANDREAS (Hg.): Jugendweihe- JugendFEIER. Ein deutsches nostalgisches Fest vor und nach 1990. dtv.- München 1998. S.196.

Veröffentlichung des Referates der Gewerkschaft für Unterricht und Erziehung deutlich.

Darin heißt es, daß:

„die Jugendweihe Bestandteil der sozialistischen Erziehung [sei], weil sie, wie die Schule, auf das Leben im Sozialismus vorbereite. Die Jugendweihe ist dazu berufen, bestimmte Versäumnisse der Schule für die Vorbereitung auf das sozialistische Leben rasch nachzuholen."[41]

Somit fungierte die Jugendweihe als biographisches Bindeglied zwischen einer von der SED propagierten und inszenierten ´glücklichen Kindheit` und einer ´sorgenfreien glücklichen Zukunft.` Das Bild vom glücklichen Kind wurde jedoch von den meist aus kleinbürgerlichen Verhältnissen stammenden Machthabern der SED benutzt und mißbraucht. Den kritischen Worten von Renate Elmenreich zufolge, wurde dieses Klischee niemals in Frage gestellt, sondern dazu benutzt, dem Volk vorzuführen, wie es sich am besten verhalten solle: „... wie ein braves, unschuldiges und vertrauensvolles Kind."[42]

Nach dem Aufruf vom 13. November 1954 wurden auf Bezirks- und Kreisebene Ausschüsse gegründet, bei denen man, analog zum Zentralen Ausschuß, bemüht war, eine ähnlich breite Mitwirkung vieler Parteien und gesellschaftlicher Organisationen zu erreichen. Am 8. Januar 1955 wurde deshalb ein Artikel mit dem Titel »Ein offenes Wort zur Jugendweihe« im Neuen Deutschland veröffentlicht. Nicht nur der öffentliche und feierliche Charakter der Veranstaltung wurde darin hervorgehoben, sondern auch die neue Qualität der Jugendweihe, die darin bestand, daß an ihr alle Jugendlichen teilnehmen konnten und sollten, „... da sie lebensnotwendige Kenntnisse vermittelt und ein tiefes Erlebnis für alle darstellt, die sich als Glieder der großen Gemeinde unseres Volkes betrachten."[43]

An der im März 1955 vom Zentralen Ausschuß, von den Bezirks- und Kreis-ausschüssen und den über 3600 rasch gebildeten Ortsausschüssen erstmals offiziell durchgeführten Jugendweihe in der DDR nahmen rund 52.322 Jugendliche teil. Das waren 17,7 % des Altersjahrganges. Dieses Resultat lag weit unter den Erwartungen

---

[41] Meier/ Jugendweihe- JugendFEIER./ München 1998. S.198.
[42] Vgl. Ebd. S. 199.
[43] WNKER, HERMANN: Die Einführung der Jugendweihe in der DDR. In: MEHRINGER, HARTMUT(Hg.): Von der SBZ zur DDR. Studien zum Herrschaftssystem in der Sowjetischen Besatzungszone und in der Deutschen Demokratischen Republik. München 1995, S. 151.

der Organisatoren. Forschungen und Studien belegen darüber hinaus, daß im zweiten und dritten Jahr nur etwa jeder vierte in Frage kommende Jugendliche an der Jugendweihe teilnahm.[44] Diese niedrigen Teilnehmerzahlen wurden zum einen damit begründet, daß zu diesem Zeitpunkt noch nicht alle Kreis- und Ortsausschüsse existierten und somit die Eltern noch nicht auf die Feier vorbereitet gewesen wären. Zum anderen gab man noch immer einen sehr starken Einfluß der Kirchen auf die Jugendlichen, besonders in ländlichen Gebieten, als Grund an. Erst ab 1958 kann man beeindruckende Teilnehmerzahlen feststellen.

Tabelle 1[45]

Teilnehmerzahlen an der Jugendweihe in der DDR

Jahr	Teilnehmer	Anteil an Teilnehmer in %	Feiern	Gäste
1955	55. 322	17, 7	1. 120	450. 000
1960	113. 275	87, 8	3. 663	1. 268. 079
1965	216. 505	88, 9	5. 786	1. 971. 109
1970	235. 142	92, 2	6. 381	2. 174. 860
1975	279. 725	96, 8	6. 794	2. 398. 709
1980	265. 447	97, 7	6. 963	2. 407. 359
1985	224. 636	97, 4	6. 746	2. 168. 871
1988	168. 424	97, 3	5. 959	1. 714. 717
1989	168. 257			

Insgesamt nahmen in den Jahren 1955- 1989 über sieben Millionen Jugendliche an der Jugendweihe in der DDR teil. Damit gehörte sie zu einem Bereich des Schulalltages und der Sozialisation, den ein Großteil der Jugendlichen in Anspruch

---

[44] URBAN, DETLEF; WEINZEN, HANS- WILLI(Hg.): Jugend ohne Bekenntnis? 30 Jahre Konfirmation und Jugendweihe im anderen Deutschland 1954- 1984. Wichern- Verlag, Berlin 1984. S. 27.
[45] Die hier angegebenen Zahlen der Jugendweiheteilnehmer wurde zusammengestellt von: RÖSSLING, UDO: Jugendweihe in der Deutschen Demokratischen Republik. Tradition- Geschichte- Gegenwart.

genommen hat. Selbst im organisatorischen Komplex betrieb man einen hohen Aufwand. Studien belegen, daß es in den Jahren 1955/ 56 ca. 6300 Jugendstundenlehrer, 55. 461 Gesprächspartner, 3418 Wohngebiets- und Ortsausschüsse mit durchschnittlich zehn Mitgliedern und 200 Betriebsaktiven mit ca. fünf Mitwirkenden gab.[46]

Im folgenden werde ich der Frage nachgehen, wie es in den 50er und 60er Jahren dazu kam, daß etwa 90% der Schüler der 8. Klassen an der Jugendweihe teilnahmen.

Der Großteil der DDR- Bevölkerung war bis 1945 noch eindeutig konfessionell gebunden. Der Termin zur Durchführung der Jugendweihefeiern war durch das Sekretariat des ZAJ bewußt in das Frühjahr des 8. Schuljahres, also in die Zeit der Konfirmation, gelegt worden. Damit war die Auseinandersetzung mit den Kirchen, die von Anfang an die Jugendweihe als die Feier der freireligösen Menschen angesehen hatten, noch zusätzlich belastet worden. Die Kirchen reagierten auf diese Provokation mit Ausgrenzung der Jugendweiheteilnehmer
von der Konfirmation und Kommunion. In einer Stellungnahme der evangelischen Kirche Berlin- Brandenburg heißt es dazu:

„Kinder, die sich einer Handlung unterziehen, die im Gegensatz zur Konfirmation steht (Jugendweihe oder dergl.), können nicht konfirmiert werden. Wer sich an der Jugendweihe beteiligt, scheidet also aus der Gemeinschaft derer aus, die am Heiligen Abendmahl teilnehmen und das Patenamt ausüben können."[47]

Zusätzlich wurden von vielen Kirchenstellen mit dem Argument, daß Kinder, die nicht an der Jugendweihe teilgenommen haben, auch nicht die Oberschule besuchen dürfen, die von der Parteiführung so oft publizierte Freiwilligkeit der Jugendweihe kritisiert. Der ZAJ sprach im Gegenzug, in einer an die Öffentlichkeit gerichteten Flugschrift, von ´Kirchenzuchtmaßnahmen`und von einem Verstoß gegen die Verfassung, „... die die Glaubens- und Gewissensfreiheit, sowie die Freiheit der

IN: ISEMEYER, MANFRED/ SÜHL, KLAUS(Hg.): Feste der Arbeiterbewegung, 100 Jahre Jugendweihe. Elefanten- Press, Berlin 1989. S. 119.
[46] Vgl. TENORTH, HEINZ- ELMAR/ KUDELLA, SONJA u.a. :Politisierung im Schulalltag der DDR. Durchsetzung und Scheitern einer Erziehungsambition. Deutscher Studien Verlag, Weinheim 1996. S. 206.
[47] TENORTH/ KUDELLA u.a.: Politisierung im Schulalltag der DDR/ Weinheim 1996. S. 209.

Wissenschaft garantiere."[48] Um die Jugendweihe als sozialistisches Weiheritual zu festigen, nutzte man nahezu jeden Bereich des öffentlichen Lebens. Bei den SED-Bezirksleitungen wurde von Anfang an genau registriert, wie der Werbungs- und Durchführungsstand bei der Jugendweihe in den einzelnen Kreisen war. Sie führten Buch darüber, wo die Schwerpunkte in der Werbung zur Teilnahme an der Jugendweihe liegen müssen. Die Gewinnung immer neuer Teilnehmer sollte in erster Linie „... nicht über die Benachteiligung der konfirmierten Kinder in ihrer Ausbildung, sondern über die Beeinflussung der Bevölkerung gegen die Kirche" erfolgen. Das wichtigste Mittel zur Durchsetzung der Jugendweihe gerade gegenüber kirchlich gebundenen Familien lautete: „Überzeugen, überzeugen und noch einmal überzeugen."[49]

Dieser Darstellung zufolge entstand mit der Einführung der Jugendweihe vor allem in den 50er und 60er Jahren ein Konflikt um die Vereinbarkeit von atheistischer Jugendweihe und christlichen Bekenntnis. Die Entgegensätzlichkeit wurde nach Ansicht vieler Eltern auf dem Rücken der Jugendlichen ausgetragen, wobei es beiden Seiten, dem Staat und der Kirche nur um 'zählbare' Erfolge ging. Die Jugendlichen selbst wurden in ihren Bedürfnissen und Entscheidungen zuletzt gefragt. Das Alleinlassen der Jugendlichen mit ihren Konflikten und der von der Kirche und dem Staat abverlangten Entscheidung schildert das abschließende Beispiel. Ein Jugendweiheteilnehmer wurde vom Gemeindekirchenrat eines kleinen Dorfes durch ein Schreiben auf den Verlust der kirchlichen Rechte hingewiesen. Anlehnend daran bot man ihm eine Nachkonfirmation an und verwies ihn zur Rückkehr in die Kirche. Der Gemeindekirchenrat verlautete in seinem Schreiben weiter:

„ Vor der Nachkonfirmation ist deine schriftliche Erklärung durch dich selbst oder den Pastor zu verlesen im Gottesdienst, daß du deine Teilnahme an der Jugendweihe

---

[48] MEIER, ANDREAS (Hg.): Jugendweihe- JugendFEIER. Ein deutsch nostalgisches Fest vor und nach 1990- dtv München 1998. S. 200.
[49] WENKER, HERMANN: Die Einführung der Jugendweihe in der DDR. Hintergründe- Motive- Probleme. In: MEHRINGER, HARTMUT(Hg.): Von der SBZ zur DDR. Studien zum Herrschaftssystem in der Sowjetischen Besatzungszone und in der Deutschen Demokratischen Republik. R. Oldenbourg Verlag München 1995. S. 153.

bedauerst, Dich von der Jugendweihe lossagst, Dich zu Jesus Christus bekennst und in Zukunft ein treues Glied der christlichen Gemeinde sein wirst." [50]

Nicht nur allein die Benachrichtigung des Gemeinderates an den Betroffenen, sondern auch die Stellungnahme vor allen Kirchenmitgliedern, die der Jugendliche zu leisten habe, verdeutlicht das strategische Vorgehen der Kirche, um ihre Gemeindemitglieder wieder zu gewinnen. Daß die SED daraufhin in Form von „Gegenmaßnahmen" reagierte, war abzusehen. Das Zentralkomitee der Partei wurde unterrichtet und versicherte zugleich, daß es über den Staatsapparat, die Kreisleitung und über die Schule wirksam werden wolle. [51]

Nicht zuletzt dieses Beispiel verdeutlicht, daß die Einführung der Jugendweihe durch die SED mit großen Schwierigkeiten verbunden war. Die Bevölkerung konnte sich schwer von der kirchlichen Bindung lösen, wobei die Kirche auch ihrerseits daran interessiert war, nicht zuviel Macht und Einfluß an den Gegner zu verlieren. Erst mit einer bis in die kleinsten Kreise durchorganisierten Werbungsstrategie konnte sich die von der SED auf allen Ebenen unterstützte Jugendweihe durchsetzen.

---

[50] Berichte, Einschätzungen, Auszüge aus Informationsberichten zum Stand der Jugendweihe. 1954-1958, 1962- 1963. In: TENORTH, HEINZ- ELMAR/ KUDELLA, SONJA u.a. Politisierung im Schulalltag der DDR. Durchsetzung und Scheitern einer Erziehungsambition. Deutscher Studien Verlag, Weinheim 1996. S. 214.
[51] Vgl. TENORTH/ KUDELLA u.a. Politisierung im Schulalltag der DDR./ Weinheim 1996. S. 214.

2 Zur Entwicklung einzelner Grundzüge der Jugendweihe in der DDR: Von der atheistischen zur sozialistischen Erziehung

Das vorangegangene Kapitel schilderte die Anfänge der Jugendweihe. Durch die Gründung der DDR entschloß sich auch die SED die Jugendweihe als ein Fest anzuerkennen, daß den Jugendlichen als Übergang vom Kindes- zum Erwachsenenalter dienen soll. Jedoch reichte es dem Staat nicht aus, den Jugendlichen dieses Fest nur als Ersatz zur Konfirmation anzubieten.

Es wurden daraufhin die bei der Jugendweihe verwendeten Materialien erheblich geändert. Dies läßt sich vor allem an der eingeführten Gelöbnisformel und des Jugendstundenprogrammes verdeutlichen. In der Tendenz scheint sich die Jugendweihe immer stärker zu einem, nur noch beiläufig atheistisch ausgerichteten, Mittel der außerschulischen staatsbürgerlichen Bildung und Erziehung entwickelt zu haben, das im folgenden gezeigt wird.

2.1 Das Jugendweihegelöbnis- Grundregel der Jugendlichen für die Aufnahme in das Erwachsenenalter

Im Mittelpunkt der Feier und deshalb im Mittelpunkt der Aufmerksamkeit der Veranstalter stand das Gelöbnis. Das Gelöbnis war sowohl Mittel als auch Ziel der Bildungs- und Erziehungsarbeit der Jugendweihe.

„Es entspricht mit seinen Inhalt den Forderungen, die die entwickelte sozialistische Gesellschaft in der DDR objektiv an die klassenmäßige, insbesondere weltanschauliche und politisch- ideologische Bildung und Erziehung unserer 14- jährigen stellt" [52]

---

[52] MEIER, ANDREAS (Hg.): Jugendweihe- JugendFEIER. Ein deutsches nostalgisches Fest vor und nach 1990- dtv München 1998. S. 202.

Gleichzeitig bringt das Gelöbnis die Erziehungsabsichten der Schule, des Jugendverbandes und der Eltern zum Ausdruck.[53] Mit Ablegen des Gelöbnisses bekannten sich die Jugendlichen der DDR öffentlich zum Sozialismus. Es war ein öffentliches Versprechen der 14- jährigen, sich für den Sozialismus einzusetzen, das Land zu schützen und die Freundschaft mit der Sowjetunion zu pflegen und zu bewahren.

Am 17. Februar 1955 stellte der Zentrale Ausschuß das Gelöbnis für die ersten Jugendweiheteilnehmer vor, das in Einheit mit dem Jugendstundenprogramm, der Feier und dem vom Zentralen Ausschuß herausgegebenen Geschenkbuch, in den weiteren Jahren zum festen Bestandteil der Jugendweihe in der DDR gehören sollte.

Im Verlauf der Geschichte der Jugendweihe der DDR gab es drei verschiedene Fassungen dieses Gelöbnisses. Folgend werden die drei Modifikationen illustrieren, wie sich die Gelöbnisformel immer enger an der jeweils aktuellen Position der SED orientierte. Ich erachte diese Darstellung des weiteren für sinnvoll, um die Durchsetzung der Erziehungsambitionen der SED besser zu verdeutlichen.

In der ersten Fassung des Jugendweihegelöbnisses wurde der Einsatz für ein glückliches, friedliebendes Leben in einem vereinten Deutschland gelobt, „... für den Fortschritt in Wirtschaft, Wissenschaft und Kunst und für ein Leben im Geiste der Völkerfreundschaft." Im Vergleich zu den später umgeänderten Fassungen wurde dieses Gelöbnis noch nahezu offen und allgemein gehalten.

„Liebe junge Freunde!

Seid Ihr bereit, alle Kräfte einzusetzen, um gemeinsam mit allen friedliebenden Menschen den Frieden zu erkämpfen und ihn bis zum äußeren zu verteidigen?

Ja, das geloben wir!

Seid Ihr bereit, alle Eure Kräfte einzusetzen, um gemeinsam mit allen Patrioten für ein einheitliches, friedliebendes, demokratisches und ein unabhängiges Deutschland zu kämpfen?

Ja, das geloben wir!

---

[53] Vgl. ZENTRALER AUSSCHUSS FÜR JUGENDWEIHE IN DER DDR (Hg.): Handbuch zur Jugendweihe. Eine Anleitung der Ausschüsse für Jugendweihe und Jugendstundenleiter. Volk und Wissen- Volkseigener Verlag Berlin. 1986. S. 71.

Seid Ihr bereit, alle Eure Kräfte einzusetzen für den Aufbau eines glücklichen Lebens, für den Fortschritt in Wirtschaft, Wissenschaft und Kunst?

Ja, das geloben wir!

Schlußformel: Wir haben Euer Gelöbnis vernommen. Nehmt nun das Versprechen der Gemeinschaft aller Schaffenden unseres Volkes entgegen, Euch zu schützen, zu fördern, zu helfen, damit Ihr das hohe Ziel, das Ihr Euch gestellt habt, erreichen werdet." [54]

Dem ersten Gelöbnis von 1955 ließ der Zentrale Ausschuß für Jugendweihe im Dezember 1957 ein neues folgen:

„Liebe junge Freunde!

Seid Ihr bereit, als treue Söhne und Töchter unseres Arbeiter- und Bauern- Staates für ein glückliches Leben des ganzen Volkes zu arbeiten und zu kämpfen, so antwortet mir:

Ja, das geloben wir!

Seid Ihr bereit, mit uns gemeinsam Eure ganze Kraft für die große und edle Sache des Sozialismus einzusetzen, so antwortet mir:

Ja, das geloben wir!

---

[54] URBAN, DETLEF; WEINZEN, WILLI (Hg.): Jugend ohne Bekenntnis ? 30 Jahre Konfirmation und Jugendweihe im anderen Deutschland 1945 bis 1984. Wichern- Verlag Berlin 1984. S. 58- 59.

Seid Ihr bereit, für die Freundschaft der Völker einzusetzen und mit dem Sowjetvolk und allen friedliebenden Menschen der Welt den Frieden zu sichern und zu verteidigen, so antwortet mir:

Ja, das geloben wir!

Schlußformel: Wir haben Euer Gelöbnis vernommen. Ihr habt Euch ein hohes und edles Ziel gesetzt. Ihr habt Euch eingereiht in die Millionenschar der Menschen, die für Frieden und Sozialismus arbeiten und kämpfen. Feierlich nehmen wir Euch in die Gemeinschaft aller Werktätigen in unserer Deutschen Demokratischen Republik auf und versprechen Euch Unterstützung, Schutz und Hilfe. Mit vereinten Kräften – vorwärts!" [55]

Im Vergleich zu der ersten Fassung von 1955 fällt auf, daß sowohl die Jugendweiheteilnehmer, als auch die von ihnen zu bewältigenden Aufgaben konkreter und auf die sozialen Zusammenhänge in der DDR zugeschnitten, benannt werden. Hierbei ging es zwar immer noch um ein vereintes Deutschland, jedoch sind die Jugendlichen keine Patrioten mehr, sondern „treue Söhne und Töchter unseres Arbeiter- und Bauern- Staates", die sich nicht nur „einsetzen" (Vgl. 1. Gelöbnis), sondern bereits „arbeiten und kämpfen" müssen. Der noch im ersten Gelöbnis genannte „Fortschritt in Wirtschaft, Wissenschaft und Kunst" mündet jetzt in die „große und edle Sache des Sozialismus ,, ein. Als außenpolitisches Ziel wurden zu Beginn der ersten Fassung nur Völkerfreundschaft und Frieden genannt, jetzt zählt das „Sowjetvolk" unter den friedliebenden Teil, jedoch nur an zweiter Stelle, was sich in der letzten Fassung ändern sollte. Auch diejenigen, an deren Seite sich die Jugendlichen mit ihrem Gelöbnis identifizieren sollen, wurden präziser ausgedrückt. Aus „Gemeinschaft aller Werktätigen" wurde jetzt „die Millionenschar der Menschen", die für den Sozialismus arbeiten und kämpfen.

Im April 1968 wurde durch Volksentscheid eine neue sozialistische Verfassung der DDR angenommen. Das machte es erforderlich, das Gelöbnis den heranwachsenden künftigen Staatsbürgern entsprechend der Verfassung zu postulieren. Sieben Monate später, am 21. November 1968 legte der Zentralausschuß das bis zum Ende der DDR existierende Gelöbnis vor:

„Liebe junge Freunde!

Seid Ihr bereit, als junge Bürger unserer Deutschen Demokratischen Republik mit uns gemeinsam getreu der Verfassung, für die große und edle Sache des Sozialismus zu arbeiten und zu kämpfen und das revolutionäre Erbe des Volkes in Ehren zu halten, so antwortet:

Ja, das geloben wir!

Seid Ihr bereit, als treue Söhne und Töchter unseres Arbeiter- und Bauern- Staates nach hoher Bildung und Kultur zu streben, Meister eures Faches zu werden, unentwegt zu lernen und all euer Wissen und Können für die Verwirklichung unserer großen humanistischen Ideale einzusetzen, so antwortet:

Ja, das geloben wir!

Seid ihr bereit, als würdige Mitglieder der sozialistischen Gemeinschaft stets in kameradschaftlicher Zusammenarbeit, gegenseitiger Achtung und Hilfe zu handeln und euren Weg zum persönlichen Glück immer mit dem Kampf für das Glück des Volkes zu vereinen, so antwortet:

Ja, das geloben wir!

Seid ihr bereit, als wahre Patrioten die feste Freundschaft mit der Sowjetunion weiter zu vertiefen, den Bruderbund mit den sozialistischen Ländern zu stärken, im Geiste des proletarischen Internationalismus zu kämpfen, den Frieden zu schützen und den Sozialismus gegen jeden imperialistischen Angriff zu verteidigen, so antwortet:

---

[55] Ebd. S. 58- 59.

Ja, das geloben wir!

Wir haben Euer Gelöbnis vernommen. Ihr habt Euch ein hohes und edles Ziel gesetzt. Feierlich nehmen wir Euch auf in die große Gemeinschaft des werktätigen Volkes, das unter Führung der Arbeiterklasse und ihrer revolutionären Partei, einig im Willen und im Handeln, die entwickelte sozialistische Gesellschaft in der Deutschen Demokratischen Republik errichtet.

Wir übertragen Euch eine hohe Verantwortung. Jederzeit werden wir Euch mit Rat und

Tat helfen, die sozialistische Zukunft schöpferisch zu gestalten."[56]

Ab dem Frühjahr 1969 hieß es nun erstmalig „getreu der Verfassung für die große und edle Sache des Sozialismus zu arbeiten und zu kämpfen." Die hohen erstrebenswerten Ziele wurden gleichgesetzt mit „hohen humanistischen Idealen." - Was sind kleine? - Die feste Freundschaft mit der Sowjetunion wird zur Grundlage der Politik der DDR und sollte „Herzenssache" jedes Jugendlichen sein, gefolgt von dem Bruderbund mit anderen sozialistischen Ländern. Bezogen sich die Gelöbnisse in den 50er Jahren noch auf das Gemeinsame mit „allen friedliebenden Menschen", so muß jetzt im „Geiste des proletarischen Internationalismus gekämpft werden." Auch die Aufforderung, den Frieden zu schützen und den Sozialismus gegen jeden imperialistischen Angriff zu verteidigen." ist für den Moment eine deutliche Forderung, jedoch bleibt unklar, was unter „jeden Angriff" zu verstehen ist.

Auch der abschließenden Teil des Gelöbnisses illustriert exemplarisch die Entwicklung der Erziehungstrategien der SED. Dieser wurde nicht von den Jugendlichen selbst gesprochen, sondern von einem Vertreter der Erwachsenen, meistens vom Festredner. Er betonte noch einmal, daß das Gelöbnis vernommen wurde und sich die Jugendlichen ein hohes und edles Ziel gesetzt haben. Wurde zu Beginn in den 50er Jahren die Unterstützung <u>aller</u> <u>Werktätigen</u> zugesagt, so versprach nun der Festredner die feierliche Aufnahme der Jugendlichen in die Gemeinschaft des <u>werktätigen Volkes, das unter Führung der Arbeiterklasse und ihrer revolutionären Partei die entwickelte sozialistische Gesellschaft errichtet.</u> Im Gegensatz zur ersten

---

[56] TENORTH, HEINZ- ELMAR; KUDELLA, SONJA u.a.: Politisierung im Schulalltag der DDR. Durchsetzung und Scheitern einer Erziehungsambition. Deutscher Studien Verlag, Weinheim 1996. S. 230.

Fassung des Gelöbnisses stand jetzt nicht mehr das hohe Ziel im Vordergrund, das sich die Jugendlichen selbst gestellt haben, sondern es galt, als hohes und edles Ziel, die entwickelte sozialistische Gesellschaft in der DDR zu errichten. Die Gestaltung dieser ´entwickelten sozialistischen Gesellschaft` galt als ein großes kollektives Werk aller Bürger der DDR und als Ausdruck der sozialistischen Lebensweise und grundlegender Maßstab des moralischen Verhaltens in der Gesellschaft. Es bleibt jedoch offen, was damals unter einer ´entwickelten sozialistischen Gesellschaft` zu verstehen war.[57] Abschließend wurde den Jugendlichen sehr deutlich erklärt, daß sie mit dem Eintritt in das Erwachsenenalter eine hohe Verantwortung übertragen bekommen. Simultan dazu verpflichteten sich die Erwachsenen, daß sie den Jugend-weihlingen bei der schöpferischen Gestaltung der sozialistischen Zukunft jederzeit mit Rat und Tat zur Seite stehen.

Gerade der letzte Teil des Gelöbnisses macht deutlich, daß nicht nur die Jugendlichen, sondern auch die Erwachsenen in das Gelöbnis mit integriert wurden. Damit versuchte die SED-Regierung schon die 14jährigen an ihre politischen Ziele und die ´gute` Sache des Sozialismus zu binden, und nach außen eine starke Einheit der Generationen zu manifestieren. Zur Durchsetzung dieser Strategie wurden vom ZAJ pädagogische Maßnahmen entwickelt. Demnach geschieht die Vorbereitung der Jugendweiheteilnehmer auf das Gelöbnis auf der Grundlage eines vom ZAJ beschlossenen „Jugendstundenprogrammes". Die Vorbereitungen der Jugendweih-linge auf das Gelöbnis durch die Jugendstunden werden im folgenden Kapitel veranschaulicht.

2.2   Das Jugendstundenprogramm und dessen Umsetzung

Die Jugendstunden haben im Kontext der Jugendweihe eine besondere Charaktereigenschaft. Es werden im Verlauf der Entwicklung der Jugendweihe auch im Bereich der Jugendstunden Veränderungen in Inhalt und Aufbau vorgenommen. Sie nehmen aber, gegenüber dem Gelöbnis, einen größeren Einfluß auf die Bildungs- und Erziehungssituation der Jugendlichen.

---

[57] Vgl. ZENTRALER AUSSCHUSS FÜR JUGENDWEIHE DER DDR (Hg.): Handbuch zur Jugendweihe. Eine Anleitung für die Mitglieder der Ausschüsse für Jugendweihe und Jugendstundenleiter. Volk und Wissen- Volkseigener Verlag Berlin 1986. S.14 f.

In diesem Kapitel halte ich es nicht für adäquat, alle Fassungen der Jugendstunden darzustellen, sondern werde mich nur auf einige beschränken und sie kurz skizzieren. Ich werde besonderes Augenmerk auf die pädagogische Umsetzung der Jugendstunden legen und mich mit den Fragen beschäftigen, welche Stellung die Jugendlichen in Bezug auf die Durchführung des Jugendstundenprogrammes haben.

2.2.1 Die Jugendstunden

Die Jugendstunden waren Voraussetzung für die Teilnahme an der Jugendweihe. Sie trugen dazu bei, daß sich die Jugendlichen die Ideale und Werte des Sozialismus, die im Gelöbnis ausdrucksvoll verarbeitet wurden, fest aneignen und zur Grundlage ihres politischen Handelns machen. Die klare Orientierung auf das Gelöbnis war Ausgangspunkt für die Planung und Vorbereitung jeder Jugendstunde. Dabei wurde von dem ZAJ darauf geachtet, daß jedes Jugendstundenthema seinen spezifischen Inhalt hatte und demnach einen ganz konkreten Schritt für die Vorbereitung auf das Gelöbnis bildete. Ferner bestand die Aufgabe der Jugendstundenleiter darin, anknüpfend an vorhandene Kenntnisse, Erfahrungen und Interessen die gesellschaftlich gewichtigen Werte für den Jugendlichen selbst und persönlich bedeutsam werden zu lassen.[58] Somit veröffentlichte der Zentrale Ausschuß am 3. Januar 1956 das erste „Jugendstundenprogramm", damals noch „Themenplan" genannt. Dieses Programm umfaßte 10 Themen und war eng an das erste Geschenkbuch „Weltall- Erde- Mensch" angelehnt. Folgende Themen wurden bearbeitet: „Die Welt im All", „Die Entstehung des Lebens auf der Erde", „Das Werden des Menschen" bis hin „Zur Bedeutung der Kunst des Lebens unseres Volkes".[59]

---

[58] Vgl. ZENTRALER AUSSCHUSS FÜR JUGENDWEIHE IN DER DDR (Hg.): Handbuch zur Jugendweihe. Eine Anleitung für die Mitglieder der Ausschüsse für Jugendweihe und Jugendstundenleiter. Volk und Wissen Volkseigener Verlag Berlin 1986. S. 71.
[59] Vgl. RÖSSLIN, UDO: Jugendweihe in der Deutschen Demokratischen Republik. Tradition- Geschichte- Gegenwart. In: ISEMEYER, UDO; SÜHL, KLAUS (Hg.): Feste der Arbeiterbewegung: 100 Jahre Jugendweihe. Elefanten Press 1989. S.120- 123.

Mit dieser Themenwahl versuchte der Ausschuß den Jugendlichen den sogenannten „Sinn des Lebens" näher zu bringen. Dieses Vorhaben war wohl nicht von Erfolg gekrönt, denn im darauffolgenden Jahr, aus Anlaß einer Beratung des Zentralen Ausschusses mit den „Jugendstundenleitern", wurde im Juni 1956 der Themenplan zum „Programm der Jugendlichen" umformuliert, und ein neues

Jugendstundenprogramm verabschiedet. Dieses Programm bezog sich nun mehr auf das soziale Umfeld der Jugendlichen und befaßte sich mit diesen Themen:

1. Jugendstunde: „Was bedeutet Jugendweihe?"
2. Jugendstunde: Wie die Werktätigen in der deutschen Demokratischen Republik leben und arbeiten.
3. Jugendstunde: Arbeiter und werktätige Bauern schaffen die Grundlage für unsere Gesellschaft.
4. Jugendstunde: Wie der Mensch sich im Laufe der Geschichte der menschlichen Gesellschaft durch seine Arbeit entwickelt.
5. Jugendstunde: Wie der Mensch lernte, die Natur zu beherrschen und den Aberglauben zu überwinden.
6. Jugendstunde: Die Arbeit bereitet uns Freude
7. Jugendstunde: Wie die Kunst unser Leben reicher und schöner gestaltet
8. Jugendstunde: Wie gestalten wir unser persönliches Leben?
9. Jugendstunde: Wir lieben unsere Deutsche Demokratische Republik.
10. Jugendstunde: Wir kämpfen für den Frieden und sind Freund aller friedlichen und fortschrittlichen Menschen." [60]

Die jeweils 10 Vorbereitungsstunden wurden als verbindlich erklärt. Bereits 1957 erfolgte ein neues Jugendstundenprogramm, was sich jedoch kaum vom Inhalt der vorangegangenen Fassungen unterscheidet. Erst durch einen Erfahrungsaustausch mit Mitgliedern von Ausschüssen unter dem Slogan:

„Die Jugendweihe" -ein wichtiger Beitrag zur Vermittlung der wissenschaftlichen Weltanschauung-, wurde die Jugendweihe in den Jugendstunden inhaltlich zunehmend eingeengt und politisch geprägt. In dem Zeitraum von 1957- 1963 nahm der Zentrale Ausschuß für Jugendweihe weitere Veränderungen des Jugendstundenprogrammes vor. Modifikationen traten dabei nur in der Reihenfolge der jeweiligen Jugendstundenthemen auf.[61] Die Volkskammer der DDR verabschiedete 1964 erneut ein Jugendstundenprogramm und 1965 das „Gesetz über das einheitliche sozialistische Bildungssystem." Somit wurden statt der zehn Jugendstundenthemen fünf Komplexe für die Jugendweihe neu erfaßt:

1. „ Themenkomplex: Die DDR- unser sozialistisches Vaterland.
2. Themenkomplex: Wissenschaft, Technik und wir.
3. Themenkomplex: Unsere Arbeit, eine Sache der Ehre.
4. Themenkomplex: Der Sinn unseres Lebens
5. Themenkomplex: Dem Sozialismus gehört die Zukunft." [62]

An diesen fünf Themengebieten ist auffallend, daß man sich nun stärker auf die DDR als sozialistisches Vaterland konzentrierte und die Behauptung aufstellte, daß dem Sozialismus die Zukunft gehöre.

Im Zusammenhang mit der Einführung des neuen Gelöbnisses 1968 überarbeitete der ZAJ auch das Jugendstundenprogramm. Das Programm wurde Anfang der 80er Jahre modifiziert. Im April 1982 verabschiedete das Sekretariat des Zentralen Ausschuß das präzisierte, den neuen gesellschaftlichen Bedingungen angepaßte Programm. Die Themen wurden mehr dem jugendlichen Verständnis angeglichen. Sie bezogen sich direkter auf das Gelöbnis und rückten Grundfragen dieser Zeit, wie: „das Ringen um den Frieden und die Meisterung des technisch- wirtschaftlichen Fortschritts" in den Mittelpunkt der Arbeit. Das neue Jugendstundenprogramm, das bis zur politischen Wende seine Gültigkeit hatte, enthielt wieder seine standardisierten zehn Themen:

1. Jugendstunde: Wir erfüllen das revolutionäre Vermächtnis.
2. Jugendstunde: Unser sozialistisches Vaterland.
3. Jugendstunde: Freundschaft zum Lande Lenins- Herzenssache unseres Volkes.

---

[60] Ebd. S. 123.
[61] Vgl. TENORTH, HEINZ ELMAR; KUDELLA; SONJA u.a. Politisierung im Schulalltag der DDR. Durchsetzung und Scheitern einer Erziehungsambition. Deutscher Studien Verlag, Weinheim 1996. S. 221- 223.
[62] KRÜGER, HEINZ- HERMANN/ MAROTZKI, WINFRIED (Hg.): Pädagogik und Erziehungsalltag in der DDR. Leske und Budrich, Opladen 1994. S. 220.

4. Jugendstunde: Der Friede ist kein Geschenk.

5. Jugendstunde: Die Welt verändert sich.

6. Jugendstunde: Deine Arbeit wird gebraucht.

7. Jugendstunde: Wissenschaftlich technischer Fortschritt- Herausforderung an Dich.

8. Jugendstunde: Kultur und Kunst machen unser Leben reicher und schöner.

9. Jugendstunde: Dein Recht und Deine Pflicht im Sozialismus.

10. Jugendstunde: Der andere neben Dir." [63]

Wie in den vorangegangenen kurz skizzierten Jugendstundenprogrammen ist lediglich auffällig, daß sich Formulierungen bei der Themenwahl verändert haben. Inhaltliche Veränderungen sind nicht zu finden. Die Grundlinie der alten Jugendstundenprogramme wurden beibehalten.

In der Zeit der politischen Wende in der DDR stellte der Zentrale Ausschuß ein sogenanntes „Rahmenprogramm" für die Jugendstunden mit insgesamt vier „Inhaltsgebieten" zur Diskussion. Parolen wie „Die DDR, unser sozialistisches Vaterland" oder „Freundschaft mit dem Sowjetvolk" sind in den Themenvorschlägen nicht mehr zu finden. Jedoch erhob man den Anspruch „allen Mädchen und Jungen den Sinn und die Probleme des Aufbruchs unseres Volkes für Menschenwürde, Demokratie sowie für ein besseres Sozialismus zu erschließen."[64] Vergleicht man die hier kurz skizzierten Fassungen des Jugendstundenprogrammes, dann wird deutlich, daß kaum noch Wissen verbreitet werden sollte. Die gesellschaftswissenschaftlichen Themen übernahmen im Laufe der Zeit den Inhalt der Jugendstunden. Die DDR als Thema wurde von Anfang an bis zum Mauerfall behandelt und vertieft. Die Jugendlichen mußten seit den 60er Jahren die jeweils aktuelle Position der SED aufgreifen und verinnerlichen, wie im folgenden Kapitel dargestellt werden soll.

---

[63] RÖSSLING, UDO: Jugendweihe in der Deutschen Demokratischen Republik. Tradition-Geschichte- Gegenwart. In: ISEMEYER, MANFRED/ SÜHL, KLAUS (Hg.) Feste der Arbeiterbewegung. 100 Jahre Jugendweihe. Elefanten Press 1989. S. 119.
[64] TENORTH, HEINZ- ELMAR/ KUDELLA, SONJA u.a. Politisierung im Schulalltag der DDR. Durchsetzung und Scheitern einer Erziehungsambition. Deutscher Studien Verlag, Weinheim 1996. S. 226.

2.2.2 Die Einbeziehung der Jugendlichen in das Jugendstundenprogramm

Die Jugendstunden fanden in der Regel außerhalb der Schulen statt. Das wichtigste Anliegen des Zentralen Ausschusses war es, daß die Jugendstunden nicht schematisch abgehandelt werden, sondern „den Mädchen und Jungen lebensnah, konkret mit regionalem Bezug jugendgemäß nahegebracht werden"[65] sollten. Somit lernten die Jugendlichen Arbeitsstätten in Industrie und Landwirtschaft kennen, vor allen Dingen wurde besonderen Wert auf die Mahn- und Gedenkstätte Buchenwald und Sachsenhausen gelegt. Für jeden Jugendlichen mußte die Jugendstunde zu einem Erlebnis werden und Kenntnisse für die im Gelöbnis enthaltenen ideologischen Überzeugungen vermitteln. Die Jugendstunden wurden in der Regel ohne großen Widerwillen besucht. In dem Bildungs- und Sozialwesen der DDR war der Besuch der gleichen „freiwilligen Pflichtveranstaltungen" üblich.. Somit ist es nicht sonderbar, daß die Jugendlichen es schon als „selbstverständliche Pflicht" ansahen, sich an den Jugendstunden zu beteiligen.[66] Dazu äußerte sich auch ein ehemaliger Jugendweiheteilnehmer auf die Frage nach der Pflichtteilnahme an den Vorbereitungsstunden:

„ Äh, nicht als Pflicht, es war mehr, es hat dazugehört ganz einfach, und es hat auch –
man war es sowieso gewohnt seit der ersten Klasse-, daß man dort wenigstens einmal
die Woche irgendwas macht...
Anstatt, was weiß ich, vor´ner FDJ- Veranstaltung hat man eben eine Jugendstunde
gemacht und so."[67]

---

[65] ZENTRALER AUSSCHUSS FÜR JUGENDWEIHE IN DER DEUTSCHEN DEMOKRA-TISCHEN REPUBLIK (Hg.).: Handbuch zur Jugendweihe. Eine Anleitung für die Mitglieder der Ausschüsse für Jugendweihe und Jugendstundenleiter. Volk und Wissen Volkseigener Verlag Berlin 1986. S.72.
[66] Vgl. MEIER, ANDREAS (Hg.) Jugendweihe- JugendFEIER. Ein deutsches nostalgisches Fest vor und nach 1990. Dtv München 1998. S. 208- 209.
[67] Interview mit C. S. vom 29. 9.1993. in: TENORTH, HEINZ ELMAR; KUDELLA, SONJA u.a. Politisierung im Schulalltag der DDR. Durchsetzung und Scheitern einer Erziehungsambition. Deutscher Studien Verlag Weinheim 1996. S. 226.

Dieses nicht mehr Nachdenken über eine Entscheidung für eine andere Freizeitgestaltung äußerte sich eklatant in der Selbstverständlichkeit an der Teilnahme der Jugendstunden und wurde somit in Form der *Gewohnheitspädagogik* zu mehr als reiner Pflichterfüllung. Zwar setzten sich die Jugendstundenleiter das Ziel, die Probleme der kollektiven Beziehungen der Jugendlichen mit einzubeziehen, doch die blieben meist auf der Strecke, da die sozialistische Erziehung es nicht erlaubte. Eher sollten die Normen und Werte der sozialistischen Gesellschaft den Jugendlichen eingebleut werden, um sich daran zu orientieren, die eigenen sozialen Erfahrungen, sowie eigene gesellschaftliche und politische Aktivitäten zu werten. Die wirksame Erziehung in den Jugendstunden bestand darin, Fragen der Jugendlichen, die sie bewegten zur Diskussion zu stellen und im Sinne sozialistischer Wertauffassung zu klären. Die Teilnahme an einer Gerichtsverhandlung, das Aufsuchen einer Sternwarte oder die Besichtigung regionaler Industrieeinrichtungen gehörten fast bei jedem der über sieben Millionen Jugendweiheteilnehmern in der DDR zum Vorbereitungsprogramm dazu. Die Jugendstunden sollten durch enge Verbindung mit der gesellschaftlichen Praxis den Jugendlichen solche Erlebnisse vermitteln, die emotional wirksam waren und interessante Erkenntnisse über gesellschaftliche Zusammenhänge enthielten, um ihre Aktivität, Selbsttätigkeit und Verantwortung herauszufordern. Der Zentrale Ausschuß für Jugendweihe in der DDR sah diese Vorgehensweise als erzieherisch wertvoll an, mit der Begründung, daß sich durch die Entwicklung des politischen Bewußtseins und dem daraus resultierenden sozialistischen Verhaltens der Jugendlichen eine positiv motivierende problemlose Gestaltung der Jugendstunden ergab.[68] Erstaunlich ist nur, daß sich viele Jugendliche nur noch schemenhaft an die Gestaltung und den Inhalt der Jugendstunden entsinnen können. Nur der Besuch eines ehemaligen Konzentrationslagers oder das Gespräch mit einem Veteranen blieben oftmals in Erinnerung. Damit war auch die Identifikation mit dem Antifaschismus am ehesten möglich.

„ja, ein Gespräch- ich nehme an, das war auch obligatorisch- mit so'nem alten Genossen, der aus seiner Vergangenheit erzählt hat. Der Mann hat mich irgendwie

---

[68] Vgl. ZENTRALER AUSSCHUSS FÜR JUGENDWEIHE IN DER DDR (Hg.): Handbuch zur Jugendweihe. Eine Anleitung für die Mitglieder der Ausschüsse für Jugendweihe und Jugendstundenleiter. Volk und Wissen Volkseigener Verlag Berlin 1986. S. 12- 14.

beeindruckt damals. Das waren ja acht oder neun Jugendstunden. Die meisten habe ich vergessen."[69]

Es muß jedoch dabei offen bleiben, ob nicht Ursachen für die fehlende Erinnerungen bei dem einen oder anderen Jugendlichen in der Resignation gegenüber dem damaligen Sozialismus oder im fehlenden Interesse an dem jeweiligem Jugendstundenangebot zu suchen sind.[70],

Die Jugendstunden waren konzeptionell und besonders inhaltlich darauf angelegt, Jugendliche auf das öffentliche Gelöbnis und somit auf eine weitgehend <u>bewußte</u> sozialistische Lebensgestaltung in der Gemeinschaft der Erwachsenen vorzubereiten. Um möglichst viele Jugendliche zu erreichen und anzusprechen, erwiesen sich die Jugendstunden insbesondere durch ihre Kontinuität in Ort und Zeit, aber auch durch entsprechende Praxisbezogenheit, als eine effektiv pädagogische Maßnahme. Denn man muß bedenken, daß gerade Jugendliche im pubertären Alter in vielfältiger Weise ihr Leben entfalten und meistern wollen. Dabei kommt es oft vor, daß ein sprunghafter Wechsel zwischen extrem entgegengesetzten Verhaltensweisen zu beobachten ist. Minderwertigkeitskomplexe wechseln zu übersteigerten Geltungssbe-dürfnissen. Dazu bedarf es von den Erwachsenen, seien es die Lehrer an der Schule oder die Familie, ein hohes Verantwortungs- und Selbstbewußtsein, um den Jugendlichen die geeigneten, für ihr Lebensziel spezifischen Richtlinien und Maßstäbe auf den Weg zu geben.

Jedoch waren die Konzepte der Jugendstunden zu sozialistisch geprägt, als daß sie auf längere Zeit den „freiwilligen" Zuspruch von den Jugendweihlingen erhalten hätten. Deshalb ist es die fast logische Konsequenz, daß die Vorbereitungsstunden nicht auf Basis der Freiwilligkeit durchgeführt werden konnten, zumindest nicht dem Anspruch gerecht wurden, alle Jugendlichen zur Teilnahme zu ermutigen.

---

[69] Interview mit M. S. vom 23. 9. 1993. In: TENORTH, HEINZ ELMAR; KUDELLA, SONJA u.a. Politisierung im Schulalltag der DDR. Durchsetzung und Scheitern einer Erziehungsambition. Deutscher Studien Verlag Weinheim 1996. S. 226.
[70] Vgl. MEIER, ANDREAS (Hg.): Jugendweihe- JugendFEIER. Ein deutsches nostalgisches Fest vor und nach 1990 dtv- München 1998 S. 204.

3 Der Entwicklungsverlauf der Jugendweihe in den 70er Jahren bis zur politischen Wende

Die Jugendweihe wurde in den letzten beiden Jahrzehnten der DDR zum eingeplanten, fast selbständig zu nennenden Familienfest. Die eigentliche Bedeutung der sozialistischen Jugendweihe mit seinem Anspruch, „die Erziehung der Vierzehnjährigen zu Erbauern des Sozialismus/ Kommunismus bewußt und planmäßig"[71]mitzugestalten, trat für die meisten Teilnehmer in den Hintergrund. Der mit der Jugendweihe verbundene Schritt des Übergangs vom Jugend- zum Erwachsenenalter, die Familienfeier, die eventuelle Fahrt mit den Klassenkameraden oder eine von den Eltern spendierte Reise, und nicht zuletzt die zahlreichen Geschenke des Bekannten- und Verwandtenkreises ließen die Teilnahme an der Jugendweihe für immer mehr Schüler zu einer Selbstverständlichkeit werden. Die einzelnen Nichtteilnehmer, die noch in den Schulen zu verzeichnen waren, stammten hauptsächlich aus dem katholischen Milieu. Die Ursache der Nichtteilnahme dieser Jugendlichen war wohl in dem Versäumnis der Zustimmung der Eltern zu finden.[72] Es wurde jedoch vom Zentralen Ausschuß für Jugendweihe eine 100%ige Teilnahme angestrebt. Da dieses Ziel bereits in den 60er Jahren schon beinahe erreicht wurde, setzten die Ausschüsse die durchgesetzten Werbungsstrategien ab. Eine Passage des Interviews mit einem führenden Funktionär der Jugendweihe drückt besonders deutlich die Selbstverständlichkeit der Teilnahme an der Jugendweihe aus:

„In der Mehrzahl der Fälle brauchte man überhaupt nicht zu werben, da wurde gefragt... wann geht es nun los mit der Jugendweihe. Es war selbstverständlich, es gehörte ... zum guten Ton."[73]

Dennoch war der Zentrale Ausschuß gewillt, die Kontroll- und Anleitungspraxis verstärkt auszubauen, da sich nun die Bezirks-, Kreis-, Orts- und Schulausschüsse auf

---

[71] ZENTRALER AUSSCHUSS FÜR JUGENDWEIHE IN DER DEUTSCHEN DEMOKRA-TISCHEN REPUBLIK (Hg.): Handbuch zur Jugendweihe. Eine Anleitung für die Mitglieder der Ausschüsse für Jugendweihe und Jugendstundenleiter. Volk und Wissen Verlag Berlin 1986. S. 25.
[72] Vgl. TENORTH/ KUDELLA u.a. Politisierung im Schulalltag der DDR. Durchsetzung und Scheitern einer Erziehungsambition. Deutscher Studien Verlag, Weinheim 1996. S.217- 219.

die inhaltliche Arbeit konzentrieren mußten. Jeder der genannten Ausschüsse sollte einen Rechenschaftsbericht darüber ablegen, welche Erfolge die Vermittlung der Inhalte der Jugendstunden erbrachten. Dadurch entstand ein unvermeidbares Wettbewerbsprinzip, das den Vergleich mit Ausschüssen auf gleicher organisatorischer Ebene und die Erfüllung des jeweiligen Arbeitsplanes beinhaltete und die Jugendweihe bestimmte. Zunehmend wurden eine Reihe von regionalen und örtlichen Institutionen und Erziehungsträgern einbezogen. Betriebe und Gewerkschaftsgruppen, Parteiapperate- und gruppen, die Blockparteien und Massenorganisationen wie die FDJ und die Deutsch- Sowjetische Freundschaft (DSF) u.a.m. fungierten bei der Realisierung der Jugendstunden und der abschließenden Jugendweihefeier mit. In den 80er Jahren verselbständigte sich zunehmend durch die umfangreiche Anleitungs- und Kontrollpraxis der Jugendweiheapparat mit seinen etwa 350 hauptamtlichen und etwa 300.000 ehrenamtlichen Mitarbeitern. Der folgende Ausschnitt aus dem Jahresbericht des Sekretariats des Bezirksausschusses für Jugendweihe Frankfurt (Oder) von 1977 soll noch einmal die Tätigkeit nach dem Prinzip der *immer besseren und vollständigen Planerfüllung* der Jugendweiheausschüsse verdeutlichen:

„Wir können heute einschätzen, daß durch die systematischen kreislichen Anleitungen dieser Ausschüsse allen ehrenamtlichen Mitarbeitern die zentralen Beschlüsse erläutert und der Erfahrungsaustausch zur konkreten ortsbezogenen Beschlußumsetzung geführt wurde.

Im Ergebnis konnte [u.a.] erreicht werden, daß:
- das Verantwortungsbewußtsein vieler Mitglieder der Ausschüsse und ihre Bereitschaft für eine aktive Arbeit weiter gewachsen ist,
- [...] viele gute arbeitende Ausschüsse beispielwirkend mobilisieren [,] wobei der Beweis für die Möglichkeit der schöpferischen Umsetzung der Beschlüsse durch ehrenamtliche Kräfte immer wieder erbracht wird und
- [...] bis auf vereinzelte Ausnahmen die örtlichen Ausschüsse im Zeitraum von 6- 8 Wochen Arbeitsberatungen durchführen."[74]

[73] Interview mit J.R. am 20. 4. 1993. In. TENORTH/ KUDELLA u.a. Politisierung m Schulalltag der DDR. Deutscher Studien Verlag, Weinheim 1996. S. 216.

Die auftretenden Probleme wurden trotz der permanenten Anleitungs- und Kontroll-praxis vertraulich behandelt. Die Tatsache, daß die seit Ende der 60er Jahre ansteigenden Teilnehmerzahlen an der Jugendweihe aus der zusätzlichen Teilnahme von schon konfirmierten Jugendlichen resultierten, wurde mißtrauisch von den Initiatoren betrachtet. Vermeintlich beschäftigten sich die Ausschüsse damit nicht. Eher schien es für sie unbedeutend, da bis zu 25% der Kinder, die konfirmiert wurden, auch die Jugendweihe erhielten: „Na und. Wir haben uns nicht daran gestört. Das hat uns nicht interessiert." [75] Hingegen befaßte sich eine Arbeitsgruppe der SED-Bezirksleitung Frankfurt (Oder) u.a. mit der im Bezirk ansteigenden Entwicklung von Konfirmation bei ehemaligen Jugendweiheteilnehmern. Schwerpunktbereiche ihrer Arbeit wurden insbesondere Schulen, die mehr als 40% bis 50% Jugendliche aufwiesen, die zusätzlich eine Konfirmation erhielten. Schulen hingegen, die eine überwiegende Abweichung von gleichzeitiger Jugendweihe und Konfirmation aufwiesen, wurden in „fortschrittliche Schulen" eingestuft. Die Untersuchung der Arbeitsgruppe legte zugrunde, daß an den Schulen, an denen kontinuierlich politische Themen bearbeitet wurden, der Anstieg der Jugendweiheteilnehmer mit einem gleichzeitigen Rückgang der Konfirmation verbunden war. Somit wurden potentielle Erziehungsträger ‚sowie auch die Bereiche Volksbildung, die Pionier- und FDJ-Organisation u.a. aufgefordert, konkrete Maßnahmen zur Verbesserung der massenpolitischen Arbeit einzuleiten. Weiterhin ergab die Untersuchung, daß der Prozentsatz der Schüler der 9. Klassen, die die Jugendweihe und die Konfirmation erhielten und auch aktiv in der religiösen Gemeinde beteiligt waren, zwischen 15% und 20% lag.

Diese hier wiedergegebenen Untersuchungsergebnisse und die daraus resultierenden Behauptungen standen im Widerspruch mit der in der Verfassung garantierten Glaubensfreiheit. Als in den 50er Jahren der Konflikt über die Vereinbarkeit von kirchlichem Glauben und der atheistischen Jugendfeier entstand, berief sich die SED auf die Verfassung. Als die Ausschüsse die 80% Grenze der Jugendweiheteilnehmer weit überschritten hatten, wurde der Glaubensfreiheit den Rücken zugewiesen und demnach auch der freien Entscheidung zum christlichen Glauben. „Die Registrierung

[74] BLHA Bez. Flo., Rep. 730, SED Bezirksleitung Frankfurt (Oder), IVD- 2/ 8. 02/ 562. In: TENORTH/ KUDELLA: Politisierung im Schulalltag der DDR. Weinheim 1996. S. 218.
[75] Interview mit K. L., 9.3. 1993. In: TENORTH/ KUDELLA: Politisierung im Schulalltag der DDR. Weinheim 1996. S. 218.

derjenigen Schüler, die neben der Jugendweihe auch die Verbundenheit zu ihrer Kirche demonstrierten, ist zumindestens als eine Einschränkung der von der Verfassung garantierten Grundrechte zu nennen."[76] Abschließend ist festzuhalten, daß die Jugendweihe einer ständigen Kontrolle und Politisierung durch staatliche , aber vor allem durch Primärorganisationen der SED ausgesetzt war. Die doch so „freiwillige" Teilnahme an der Jugendweihe wurde allein durch die Durchsetzung der Ausschüsse, die Jugendweihe als alleinige Instanz zu akzeptieren, verletzt.

3.1 DIE BESTIMMUNG DER JUGENDWEIHETEILNEHMER:

Es ist unvermeidbar, die Bemühungen der SED zur Ermittlung der Teilnehmer an der Jugendweihe zu veranschaulichen. Seit der ersten Durchführung der Jugendweihe 1955 wurde die Anzahl der beteiligten Jugendlichen genau registriert. Durch die Erfassung der Teilnehmerzahlen war die SED davon überzeugt, daß a l l e Jugendlichen sich zu der Jugendweihe bekannten. Um in den bedürftigen Gebieten, wie Neubrandenburg oder Cottbus, die Teilnahme der Jugendweihe zu verstärken, wurden unter Anleitung und Kontrolle agierte Werbemaßnahmen durchgeführt. Diese Werbekampagnen sollten alle Eltern beraten und auffordern, die Familienfeier ihrer Kinder dem sozialistischen Anlaß gemäß zu gestalten.[77]

Bereits ab 1956 konnte der Zentrale Ausschuß für Jugendweihe einen Anstieg der Teilnehmerzahlen verzeichnen, der sich aber nur auf einen geringen Teil der Achtkläßler bezog. Nach Angaben des Ausschusses sei die Jugendweihe zur damaligen Zeit schon ein voller Erfolg gewesen. Diese Behauptung beruhte auf der Tatsache, daß sich die Anzahl der Jugendweiheteilnehmer von 52.722 auf 64.343, die Anzahl der Feiern von 1.120 auf 1.359 und die der Gäste binnen Jahresfrist von 460.000 auf 562.000 erhöhte.[78] „Die Feier sei aus unserem gesellschaftlichen Leben

---

[76] Ebd. S. 219.
[77] Vgl. MEIER, ANDREAS (Hg.): Jugendweihe- JugendFEIER. Ein deutsches nostalgisches Fest vor und nach 1990. Dtv München 1998. S. 215- 217.
[78] Vgl. RÖSSLING, UDO: Jugendweihe in der Deutschen Demokratischen Republik. Tradition- Geschichte- Gegenwart. In: ISEMEYER, MANFRED/ SÜHL, KLAUS (Hg.): Feste der Arbeiterbewegung: 100 Jahre Jugendweihe. Elefanten Press 1989. S. 120.

nicht mehr wegzudenken",[79] so der Ausschuß. Weitere Erhebungen zeigen, daß ein besonders hoher Anteil der Jugedweiheteilnehmer in den Städten Magdeburg mit 52, 2%, Leipzig, mit 51% und Gera mit 40% aufwiesen. Ein geringes Interesse an der Jugendweihe dokumentierten hingegen die Städte Görlitz mit 11, 1%, Calbe mit 9% und Güstrow mit 10, 5%.[80]

Um diesem Desinteresse entgegen zu wirken, bedurfte es einer starken Überzeugungskraft und Duldsamkeit von seiten der Organisatoren. Es wurde sehr genau analysiert, um die Beteiligung an der Jugendweihe sicher zu stellen, und das damit verbundene Jugendstundenprogramm ‚sowie das Gelöbnis bei den Jugendlichen in steter Erinnerung zu halten. Nach Angaben des Bezirkausschusses Frankfurt (Oder) sprachen im Jugendweihejahr 1969/ 1970 im Bezirk Frankfurt (Oder) von 11.143 Jugendlichen 9.970 das Gelöbnis also 89, 5%. Das prozentuale Ergebnis stieg im Zeitraum zwischen 1965 und 1970 um 6% an. Bereits fünf Jahre später konnte sich der Jugendweiheausschuß über einen prozentualen Anstieg auf 96,8% freuen. Die Anzahl der Teilnehmer stieg auf 279.725 und 1980 waren es 265.447 (97, 7%) Jugendliche, die sich an der Jugendweihe beteiligten. Ab dem Jahr 1985 reduzierten sich die Teilnehmerquoten an der Jugendweihe. Das Jahr 1985 erwies einen Rückgang von 97, 4%. Bereits drei Jahre später verringerte sich die Teilnehmerquote auf 97, 3%.[81]

Aufgrund dieser Reduktionen war es abzusehen, daß der Prozentsatz der Teilnehmer den Ausschuß nicht zufrieden stellen würde, denn es sollten a l l e Kinder in das Fest integriert werden. Es kann eher von Gewinnung der Eltern gesprochen werden, denn es ging den Organisatoren nicht darum, die Teilnehmer an der Jugendweihe zu gewinnen, sondern zu ermitteln. Das war von Anfang an in der Durchsetzung der Jugendweihe zu erkennen. Treffender formuliert es der Satz von Rudolf Alt, ein Mitglied im Zentralen Ausschuß, der davon überzeugt war, daß die Jugendweihe „alle Seiten des Menschen erfaßt und formt [...] und zum richtigen Verhalten in allen Bereichen seines künftigen Lebens erzieht. Konfirmation verhält sich zur Jugendweihe etwa so wie Religionsunterricht zur Allgemeinbildung." [82]

---

[79] Ebd. S. 120.
[80] Vgl. MEIER, ANDREAS (Hg.): Jugendweihe- JugendFEIER: Ein deutsches nostalgisches Fest vor und nach 1990. Dtv München 1998, S. 216.
[81] Vgl. KRÜGER, HEINZ- HERMANN/ MAROTZI, WINFRIED (Hg.): Pädagogik und Erziehungsalltag in der DDR. Leske und Budrich, Opladen 1994. S. 223- 224.
[82] MEIER, ANDREAS (Hg.): Jugendweihe- JugendFEIER: Ein deutsches nostalgisches Fest vor und nach 1990. Dtv München 1998, S. 218.

3.2 KONSEQUENZEN FÜR DIE NICHTEILNAHME AN DER STAATLICHEN JUGENDWEIHE

In den 70er und 80er Jahren konnten sich die Ausschüsse der Jugendweihe, vor allem in den Schulen auf den Anteil der Nichtteilnehmer konzentrieren. Zwar wurde vom Zentralen Ausschuß keine 100%ige Teilnahme kommentiert, jedoch wurde das Ziel der vollständigen Erfassung der Jugendweihekandidaten permanent verfolgt. Die herabwürdigende Behandlung der Nichtteilnehmer begann bereits schon bei Schülern der 6.und 7. Klasse, die aufgefordert wurden, schriftlich ihre Teilnahme an der Jugendweihe zu erklären. Die Aufgabe der Pädagogen an den Schulen bestand demzufolge darin, „ eine breite Agitation über Ziel und Inhalt der Jugendweihe durch[zu]führen." Besonders entscheidend war die Überzeugungsarbeit der Lehrer bei Schülern mit religiösen Bindungen, denen es schwer fiel, sich mit den atheistischen Maßstäben der Jugendweihe zu identifizieren. Ihnen wurden demonstrativ Schuldgefühle suggeriert, insbesondere mit der Frage, „sie seien doch sicher nicht gegen den Frieden in der Welt und gegen eine humanistische DDR?"[83] In vielen Fällen wurde die Nichtteilnahme an der Feier und der damit verbundenen Jugendstunden nicht nur als Verlust, Ausgegrenztheit und als Gefühl der „Traurigkeit" empfunden, sondern auch als „irgendwo 'ne exotische Stellung" bewertet.[84] Konsequenzen waren auch in den Zukunftsvorstellungen der Jugendlichen zu finden. Schüler, die den Eintritt in die Freie Deutsche Jugend verweigerten und sich nicht an der Jugendweihe beteiligen wollten, wurden zum Teil von der Schule ausgesondert. Die Autoren Sonja Kudella und Andreas Paetz u.a. demonstrieren in ihrem Werk zwei Beispiele von christlichen Schülern aus Potsdam und Cottbus. Trotz sehr guten Schulleistungen wurde ihnen bei Bewerbungsgesprächen oder bei Aufnahme in die Erweiterte Oberschule unzureichende Ausprägung der Persönlichkeitsentwicklung vorgeworfen und als Grund zur Ablehnung angegeben.

Oftmals hing es von der Toleranz der Lehrer und der Abteilung Volksbildung beim Rat des Kreises bzw. Rat der Gemeinde ab, inwieweit diese Maßnahmen getroffen

---

[83] MEIER, ANDREAS (Hg.): Jugendweihe- JugendFEIER. Ein deutsches nostalgisches Fest vor und nach 1990, dtv- München 1998. S.
[84] Vgl. TENORTH, HEINZ- ELMAR/ KUDELLA, SONJA u.a. (Hg.): Politisierung im Schulalltag der DDR. Durchsetzung und Scheitern einer Erziehungsambition. Deutscher Studien Verlag, Weinheim 1996. S. 235- 237.

wurden. Der Eintritt in gesellschaftliche Organisationen, die Teilnahme an der Jugendweihe, unabhängig davon ob es die Entscheidung des Jugendlichen war oder nicht, waren Voraussetzung für Persönlichkeitsentwicklung und Zukunftspläne ostdeutscher Jugendlichen. Die Jugendlichen wurden zu Opportunismus und zu der Vermeidung von Widerspruch herangezogen. Diese aufgezwungenen Haltungen und die Erziehung zu derartig sozialistischen Verhaltensnormen entfernten sich eminent von dem Prinzip der angeblichen „Freiwilligkeit". Vorgegebene Bewertungen, das Verschweigen gesellschaftlicher Probleme und die Erziehung zu Parteilichkeit verhinderten Dialoge, eigenes Denken und Urteilen. Den ostdeutschen Jugendlichen fehlte die Fähigkeit, mit wirklichen Problemen und Realitäten der Gesellschaft umzugehen. Die Entwicklung einer eigenen Persönlichkeit wurden in der DDR durch diese auferlegten Pflichten blockiert und zunehmend verdeckt. Nicht zum Leben bereiteten die Jugendweihen vor, sondern zum Leben in der „sozialistischen Gesellschaft."[85]

---

[85] MEIER, ANDREAS (Hg.): Jugendweihe- JugendFEIER. Ein deutsches nostalgisches Fest vor und nach 1990. Dtv München 1998. S. 220.

4 Zusammenfassung

Der Beginn der Jugendweihe im 19. Jahrhundert sowie ihre Einführung in der Deutschen Demokratischen Republik unterlag einem politischen Konflikt zwischen Kirche und der vorherrschenden Machthierarchie. Anfänglich wurde sie in der zweiten Hälfte des 19. Jahrhunderts von den freireligiösen Gemeinden und den formierten Freidenkerverbänden als Ersatz für kirchliche Handlungen angeboten. Die zeitweilig steigenden Mitgliederzahlen an der Jugendweihe ermöglichten es erstmals 1889 eine kirchlich unabhängige Jugendaufnahmefeier durchzuführen, an der vorangig Menschen aus proletarisch biographischem Anlaß teilhaben konnten. Infolge der organisatorischen Aufsplitterung der deutschen Arbeiterklasse zu Beginn des 20. Jahrhunderts entwickelten sich Modifikationen, die nicht nur die, von den verschiedenen Trägern durchgeführten Jugendweihen, betrafen. Ab 1922 versuchten auch die neugegründeten Parteien, so beispielsweise die KPD, ihre Jugendweihen mit kommunistischen und marxistischen Inhalten zu füllen. Jedoch blieb eine steigende Teilnahme aus, da zu viele Menschen der Kirche angehörten und die Jugendweihe als ein atheistisches Weiheritual ansahen.

Erst durch die Gründung der Deutschen Demokratischen Republik wurde die Teilnahme an der Jugendweihe, verschärft duch Werbe- und Kontrollmaßnahmen der neugegründeten SED, zum Rollen gebracht.

Die Kirchen mußten zunehmend ihren Widerstand aufgeben, um nicht alle Handlungsfähigkeiten zu verlieren.

Dagegen nahmen Eltern und deren Kinder immer mehr die Jugendweihe an. Um die Jugendlichen auf die bestehende Weihe vorzubereiten, wurden Jugendstunden durchgeführt, deren Inhalte sich akzentuiert auf das Gelöbnis bezogen. Simultan dazu benutzte die SED diese Handlungsweise, um die Weihlinge akkurat zu „Erbauern des Sozialismus" zu erziehen. Um dieses Ziel zu erreichen, erforderte es Vertrauenspersonen, die möglicht alle Jugendlichen dazu animieren konnten, diese Jugendstunden mit einer gewissen Ernsthaftigkeit anzunehmen. Demzufolge wurden die Vorbereitungen von Jugendstundenleitern durchgeführt, die größtenteils als Klassenlehrer den Jugendlichen vertraut waren.

Im Laufe der 70er Jahre wurde die Jugendweihe zu einem fest eingeplanten Familienfest. Das Ziel der SED, möglichst allen Jugendlichen den Schritt vom

Jugend- zum Erwachsnenalter zu ermöglichen, wurde durch ständige Kontrolle des Zentralen Ausschußes für Jugendweihe über die Anzahl der Teilnehmer unterstützt. Dazu mußten Richtlinien für jene Jugendlichen geschaffen werden, deren Überzeugung noch nicht mit den sozialistischen Idealen übereinstimmten. Hierfür errichtete die SED- Führung einen enormen Propagandaapparat, der allen kritischen Fragen aus der Öffentlichkeit und der teilweise sehr kontroversen Haltung der Kirche zur Jugendweihe entgegenwirkte. Infolgedessen wurde dieses Fest als eine völlig „freiwillige und progressive" Veranstaltung in der Bevölkerung verankert. Im Widerspruch dazu wurde den Jugendlichen , die die Teilnahme an der Jugendweihe verweigerten, unmißverständlich deutlich gemacht, daß sie mit Konsequenzen zu rechnen hätten, die u.a. zum Ausschluß bei gemeinsamen Klassenfahrten und der Nichtzulassung einer Hochschulreife führten.

Die Jugendweihe in der DDR gestaltete sich letztendlich zu einem Politisierungsapparat der außerunterrichtlichen Arbeit und erstreckte sich eindeutig nur auf die Inszenierung der Formen und Inhalte des politischen Systems. Die Jugendstunden mit ihren zum Teil für die Jugendlichen interessanten Freizeitmöglichkeiten wurden als solche akzeptiert und angenommen. Die Jugendweihe selbst, als Schritt vom Kindes- zum Erwachsenenalters und der oft großzügig materiellen Ausrichtung wurde letzten Endes zum eingeplanten Familienfest, vergleichbar mit Geburtstag und Weihnachten.

TEIL II

5 Familienfeier Jugendweihe: Das Erbe der Ostdeutschen nach 1990

Der Zusammenbruch des SED- System im Jahr 1989 bereitete auch der politisch-ideologischen Erziehung ein Ende. Somit war zu vermuten, daß die Jugendweihe als traditionelles Volksfest ihre Konsistenz verliert und nur als Erinnerung in den Köpfen Ostdeutscher bleiben wird.

Das folgende Kapitel zeigt ein neues Bild der Jugendweihe. Viele Eltern konnten sich von diesem Ritual nicht trennen und hatten das Verlangen, auch nach der Wiedervereinigung ihren Kindern dieses Fest zu bieten. Somit wurde der Zentrale Ausschuß für Jugendweihe aus Zeiten der DDR verpflichtet, ihre Aufgabe aufzugeben, möglichst alle Jugendlichen zur Teilnahme an diesem Fest zu animieren, und nach neuen Inhalten zu suchen. Die nach 1990 neugegründeten Organisationen versuchen nun unter dem Deckmantel der „Jugendarbeit" den Jugendlichen den traditionellen Übergang vom Kind- zum Erwachsenenalter in einem neuen inhaltlich-ideologischen Rahmen anzubieten.

5.1 UNUNTERBROCHENER BOOM DER JUGENDWEIHE

Seit 1991 veranstaltet die neugegründete Interessengemeinschaft für humanistische Jugendarbeit und Jugendweihe e.V.[86] jährlich für rund 90.000 Kinder die nichtreligiöse Jugendweihefeier. „Nahezu jeder zweite 14jährige in Ostdeutschland nimmt daran teil.[87] Bereits Monate nach dem Mauerfall wurden die Jugendweihen inszeniert. Nach Angaben des Bonner Parlamentarischen Pressedienstes am 07.04. 1991 nahmen 1990 etwa 150.000 der insgesamt rund 200.000 ostdeutschen Jugendlichen an der Jugendweihe teil. 1991 fiel die Zahl auf rund 85.000, also 38,1%

---

[86] Die Entstehung des neuen Interessenverbandes für humanistische Jugendarbeit und Jugendweihe e.V. wird ausführlich in Kapitel 4.2. dargestellt.

derer, die in Ostdeutschland 1977 geboren worden sind. Erwähnenswert dabe. ist, mit welchem hohen Einsatz Eltern eine Jugendweihe für ihre Kinder zu improvisieren versuchten. Wohnzimmer, Gastwirtschaften und auch öffentliche Gebäude wurden für die Ausgestaltung der Jugendweihe nutzbar gemacht. Zu Beginn der 90er Jahre wurden die Jugendweihen in der Bundesrepublik von der vor allem in den neuen Bundesländern aktiven „Interessengmeinschaft für humanistische Jugendarbeit und Jugendweihe"[88] und dem Humanistischen Verband, daß heißt den Freidenkern, organisiert.

1993 nahmen bereits wieder über 75.000 Mädchen und Jungen das Jugendweiheangebot der Interessengemeinschaft in den neuen Bundesländern an. Insgesamt 1.553 Feiern wurden durchgeführt. Allein im Ortsteil Berlin gingen 1993 etwa 7.100 Jugendliche zur Jugendweihe der Interessenvereinigung. 1994 waren es schon 7.500 Teilnehmer. 2.200 Berliner Jugendliche nahmen 1994 an den Feiern des Humanistischen Verbandes teil. Somit waren es allein in Berlin 1. 500 Teilnehmer mehr als im Vorjahr.[89] 1995 teilte das Chemnitzer Magazin „Offene Kinder- und Jugendarbeit CORAX mit, daß 1995 mehr als 85.000 Mädchen und Jungen gemeinsam mit Eltern, Freunden und Verwandten die Jugendweihe beginen. Die Märkische- Oder Zeitung aus Frankfurt/ Oder berichtete im Mai 1996, daß nach Auskunft aller Veranstalter von Jugendweihen 1996 rund 95.000 Jugendliche sich weihen ließen.[90] Auch das Bundesland Sachsen konnte bemerkenswerte Zahlen erreichen. Nach Angaben der Sächsischen Zeitung gab es 1998 fast 2.100 Jugendweihefeiern. 3.500 ehrenamtliche Mitarbeiter der Interessenvereinigung halfen bei der Vorbereitung. Die meisten Teilnehmer kommen aus dem bevölkerungsreichsten Ost- Bundesland Sachsen, berichtet die Sächsische Zeitung. „3.300 Jungen und Mädchen haben sich in diesem Jahr für die Jugendweihe entschieden."[91] Anhand dieser beeindruckenden Teilnehmerzahlen ist zu erkennen, daß die Jugendweihe wieder als Fragment aus DDR- Zeiten im Kurs steht.

---

[87] SÄCHSISCHE ZEITUNG vom 06. 05. 1998.
[88] Vgl. Kapitel 5.2. u. 5.3. S. 46- 50.
[89] Vgl. TENORTH, HEINZ- ELMAR; KUDELLA, SONJA u.a. (Hg.): Politisierung im Schulalltag der DDR. Durchsetzung und Scheitern einer Erziehungsambition. Deutscher Studien Verlag, Weinheim 1996. S. 240- 241.
[90] MEIER, ANDREAS (Hg.): Jugendweihe- JugendFEIER. Ein deutsches nostalgisches Fest vor und nach 1990. Dtv- München 1998. S. 14- 17.
[91] SÄCHSISCHE ZEITUNG vom 06. 05.1998

Diagramm zur Veranschaulichung der Teilnehmerzahlen nach der Wiedervereinigung.

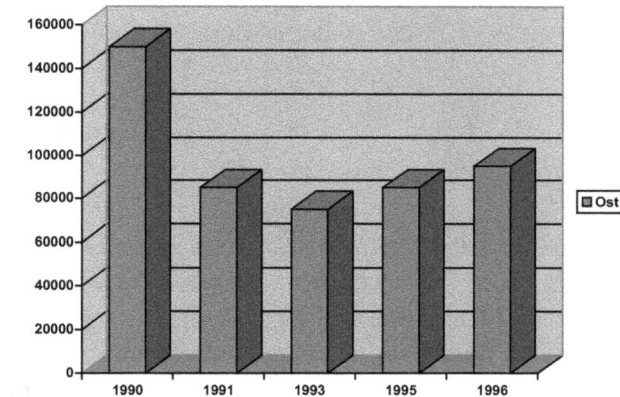

Abbildung 2[92]

Werden die im Diagramm veranschaulichten Teilnehmerzahlen mit denen der DDR verglichen[93], so ist ein enormer Unterschied zu verzeichnen.

Die Teilnehmerzahlen liegen weit unter dem Niveau der Zahlen der Jugend-weiheteilnehmer in der DDR. Die nach der Wende inszenierten Jugendweihen haben bis heute die 97% Grenze nicht überschreiten können. Da die Organisatoren der heutigen Jugendweihen keine Möglichkeit mehr haben, Jugendlichen mit Konsequenzen zu drohen, wenn sie keine Anteilnahme an der Feier zeigen, so läßt sich daraus schlußfolgern, daß die Nachfrage der Jugendweihe nicht mehr mit der zu DDR Zeiten zu vergleichen ist.

---

[92] Dieses Diagramm wurde von mir eigens als Veranschaulichung bearbeitet. Die Daten wurden aus Vgl. MEIER, ANDREAS (Hg.): Jugendweihe- JugendFEIER, dtv- München 1998 S.8- 10; TENORTH, HEINZ- ELMAR/ KUDELLA, SONJAu.a. Politisierung im Schulalltag der DDR. Weinheim 1996, S. 240.; Märkische – Oder Zeitung vom 12. April 1996. Daten basieren auf die in Ostdeutschland teilnehmenden Jugendlichen an der Jugendweihe.

Der Boom der Jugendweihe nach dem Ende der DDR läßt nicht nur auf den ununterbrochenen Wunsch vieler Eltern schließen, ihren nachgeborenen Kindern die Teilnahme an der gewohnten Jugendweihe zu ermöglichen. Am 3. April 1991, während der ersten Jugendweihen, berichtete die Zeitschrift Tribüne, daß manche Jugendliche sogar zum zweiten Mal die Jugendweihe, „aber dieses Mal hoffentlich anders, ohne die abschreckenden Züge der DDR- Weihe" erhalten.[94]

5.2   INSTITUTIONELLE VERÄNDERUNGEN DER VERANSTALTER

Die politische Wende, als eine Zeit großer Umbrüche hat auf allen gesellschaftlichen Ebenen zu Veränderungen geführt. Vor allem trat prägnant der Wandel im politischen, wirtschaftlichen und sozialen System hervor.[95]

Dabei waren auch die Zentralen Ausschüsse der Jugendweihe betroffen, deren Aufgabe es war, ihren Anspruch, möglichst alle Jugendliche in die Jugendweihe einzubeziehen, aufzugeben und nach neuen Inhalten zu suchen.

Denn zu stark waren ihre Feiern politisch belastet, als daß sie „überlebensfähig" sein konnten.

In einem Positionspapier vom Runden Tisch zu Fragen von Bildung und Jugend, das am 5. März 1990 herausgegeben wurde, forderte dieses, die Jugendweihe von der Schule zu trennen. Die Organisatoren der Jugendweihe in ihrer 35- jährigen Geschichte in der DDR waren zwar auf die formale Trennung beider Institutionen stolz gewesen, jedoch war die Durchführung der Jugendstunden und die Feier immer eng mit der Schule verbunden. Damit war es ja erst möglich gewesen <u>alle</u> Jugendlichen zur Jugendweihe zu gewinnen, da die Klassenleiter auch als Jugendstundenleiter fungierten.

Im März 1990 hatten die für die Organisationen verantwortlichen Ausschüsse für Jugendweihe nach Auskunft von Meier 55.160 Mitglieder. 41.800 von ihnen waren in

---

[93] Vgl. Kapitel 1.2.

[94] Tribüne vom 3. April 1991.

[95] PRILLER, ECKHARDT: Zur Entstehung des Dritten Sektors in Ostdeutschland. Funktion, Leistung und Selbstbewertung. In: CORSTEN, MICHAEL; VOELZKOW, HELMUT (Hg.): Transformation zwischen Markt, Staat und Dritten Sektor. S. 267.

5.229 Ausschüssen in Städten und Gemeinden der DDR aktiv. Dieses dichte Geflecht faßte sich in den 15 Bezirken zusammen, in deren Bezirksausschüssen 525 Mitglieder arbeiteten. Diese wurden vom Zentralen Ausschuß mit 85 Mitgliedern dirigiert. 336 Mitglieder bezogen auf Bezirks- und Kreisebene ein Gehalt. In den Ortsausschüssen arbeiteten ehrenamtliche Helfer im Vorstand oder als Verwaltungsbeauftragte. In allen ostdeutschen Ländern konnte die Arbeit der Jugendweiheausschüsse 1991/92 fortgeführt werden, weil sehr viele Mitarbeiter die Möglichkeit hatten, durch *Arbeitsbeschaffungsmaßnahmen* (ABM) der Bundesanstalt für Arbeit, ihre Tätigkeit zu behalten.

Die seit 1990 fortgesetzten ostdeutschen Jugendweihen gestalteten sich arbeitsrechtlich als eine Abfolge arbeitsplatzsichernder Maßnahmen zugunsten der oft aus dem Zentralen Ausschuß und den Bezirk- oder Kreisausschüssen für Jugendweihe stammenden Organisationen. 1991 nannte sich die brandenburgische Interessengemeinschaft in Kooperation mit einem „ostdeutschlandweit tätigen Verband" in *Brandenburgische Jugendweihe e.V.* um.[96] Durch ABM- Stellen, die nach § 91 des Arbeitsförderungsgesetzes von der Bundesanstalt für Arbeit eingerichtet wurden, war es dem Brandenburgischen Verein möglich, seine Arbeit fortzusetzen. Da ABM-Stellen jedoch nur „für Arbeiten, die im öffentlichen Interesse liegen" eingerichtet wurden, dürfen Unternehmen oder Einrichtungen des privaten Rechts diese Förderung nur dann in Anspruch nehmen, wenn sie „gemeinnützige Zwecke verfolgen."[97] Nach dem Arbeitsförderungsgesetz werden für Arbeiten keine ABM zur Verfügung gestellt, die ´ohne Verzug` durchzuführen sind. Ohne Verzug d.h. mit sofortiger Wirkung sind Satzungsaufgaben von Vereinen durchzuführen. Und die Vereine, die die Jugendweihe durchführen, verfolgen dieses Ziel.

Somit verfügte der Präsident der Bundesanstalt für Arbeit in einem Erlaß am 4. November 1993, daß „Vereinigungen, deren Jugendstundenfeiern überwiegend Vorbereitung und Durchführung von Jugendweihefeiern zum Inhalt haben, nicht mehr durch ABM gefördert werden können."[98] Egon Freyer, ehemaliger Vorsitzender des Zentralen Ausschusses für Jugendweihe ließ im März 1990 die Ausschüsse für

---

[96] Vgl. MEIER, ANDREAS (Hg.): Jugendweihe- JugendFEIER. Ein deutsches nostalgisches Fest vor und nach 1990. Dtv- München 1998. S. 22- 23.
[97] H. GARGE u.a.(Hg.) Arbeitsförderungsgesetz 1. H. Beck Texte. 22. Auflage. Dtv- München 1993. 3. Unterabschnitt: Maßnahmen zur Arbeitsbeschaffung § 91. S. 63-64.
[98] MEIER, ANDREAS (Hg.): Jugendweihe- JugendFEIER. Ein deutsches nostalgisches Fest vor und nach 1990. Dtv- München 1998. S. 23.

Jugendweihe e.V. im Staatsbezirksgericht Berlin- Mitte als rechtsfähige Vereinigung registrieren.

Deren 55.160 Mitglieder sichern jährlich für 140.000 Schüler des achten Schuljahres die Jugendweihe, steht im Auftrag der Regierung.[99] Heidi Richter, stellvertretende Vorsitzende des Zentralen Ausschuß für Jugendweihe unterzeichnete als „Geschäftsleiterin" den Auftrag auf Namensänderung der Vereinigung *Ausschüsse für Jugendweihe*. Im Juni 1990 wurde die *Interessenvereinigung Jugendweihe (IVJ)* gegründet. Im März des darauffolgenden Jahres entstand hieraus ein Vereinsverband, der sich 1992 in *Interessenverband für Humanistische Jugendarbeit und Jugendweihe* umbenannte.[100] Dieser Bundesverband ist ausschließlich in Ostdeutschland vorhanden. Seit Februar 1992 gehören ihm nur fünf Landesverbände an. Das Land Brandenburg ist als selbständiger Verein *Brandenburger Jugendweihe e.V.* ausgeschieden. Der Namenswechsel hatte zwei Ursachen: erstens wollten sich die verantwortlichen Mitarbeiter der Jugendweiheausschüsse dem Zugriff der Treuhand[101] entziehen, zweitens wurde aus den Ausschüssen die Interessenvereinigung für humanistische Jugendarbeit und Jugendweihe ins Leben gerufen, um das Mißtrauen gegen die SED- Ausschüsse zu überwinden. Angelika Merkel, ehemalige Bundesjugendministerin, verwehrte die Anerkennung als freie Träger der Jugendhilfe und somit auch die Bewilligung von Bundesgeldern.[102] Der Thüringer Sozialminister Frank- Michael Pietsch wies in einem Rundschreiben Bürgermeister und Landräte an, die Jugendweihe nicht durch öffentliche Gelder zu unterstützen, da die Interessengemeinschaft kein freier Träger sei.[103]

Noch heute werden diese Diskussionen darüber ausgetragen. „Die Bonner Regierungskoalition ist sich nicht darüber einig, ob die Jugendarbeit der Vereinigung

---

[99] Vgl. MEIER, ANDREAS (Hg.): Jugendweihe- JugendFEIER. Ein deutsches nostalgisches Fest vor und nach 1990. Dtv- München 1998. S. 24.

[100] Vgl. TENORTH, HEINZ- ELMAR; KUDELLA, SONJA u.a. (Hg.): Politisierung im Schulalltag der DDR. Durchsetzung und Scheitern einer Erziehungsambition. Deutscher Studien Verlag. Weinheim 1996. S. 238- 240.

[101] Lothar de Maiziere richtete die Treuhand ein, um zu prüfen, ob Vermögen in der DDR rechtsstaatlich erworben war oder auf ideologisch begründete finanzielle Bevorzugung vor dem Stichtag ´, dem 7. Oktober 1989 zurückging.

[102] ADAM, H: Gedanken zur Jugendweihe. In: Alternative Enquentenkommission Deutscher Zeitgeschichte, Arbeitsgruppe Bildung u.a. (Hg.): Unfrieden in Deutschland. Bildungswesen und Pädagogik im Beitrittsgebiet. Berlin 1994, S. 367.

[103] Vgl. TENORTH, HEINZ- ELMAR; KUDELLA, SONJA u.a. (Hg.): Politisierung im Schulalltag der DDR. Durchsetzung und Scheitern einer Erziehungsambition. Deutscher Studien Verlag. Weinheim 1996. S. 238- 241.

öffentlich gefördert werden soll", so die *Freie Presse Sachsen*.[104] Während die FDP einen entsprechenden Antrag von Kindern an die Bundesregierung zur Erwägung überweisen soll, plädiert die CDU/ CSU für Ablehnung. „Mit dem Ritual Jugendweihe [wird] unter Verleugnung der tatsächlichen Zusammenhänge der Hang zur DDR- Nostalgie gepflegt", so das Bundesministerium.[105] Der sächsische CDU-Bundestagsabgeordnete versicherte der *Freien Presse*, daß eine finanzielle Unterstützung seitens des Staates für die humanistische Vorbereitung der Jugendweihe nur dann erfolgen wird, wenn die Konfirmation es auch erhält; das war aber noch nie der Fall. Doch es scheint letztendlich nicht nur um die Förderung der Jugendweihe zu gehen. So wie in der Weimarer Republik und nach der Gründung der DDR ist auch in diesem Jahr der Streit um die Jugendweihe erneut entbrannt. Ein Beispiel wird das Bundesland Sachsen geben. In diesem Frühjahr wurden in Sachsen 630 Feiern mit rund 33. 000 Teilnehmern gestaltet. Aufgrund dieser hohen Teilnehmerzahlen wurde die Jugendweihe vom sächsischen Landesbischof Volker Kreß stark kritisiert. „Die Jugendweihe sei [gegen die Konfirmation] nur eine hohle, nicht tragfähige Form. Für die christliche Konfirmation sei die Jugendweihe kein Ersatz, auch wenn sie das Bedürfnis nach einem Schwellenritus beim Eintritt in die Erwachsenenwelt befriedige."[106] Landratsmitglied Thomas Mädler äußerte sich in einem offenen Brief an das Oberhaupt der evangelisch- lutherischen Kirche Sachsens. Mädler hat als Kirchenmitglied der Landeskirche, als Vater, dessen Sohn in diesem Jahr konfirmiert werden soll, und als Festredner zu Jugendweihefeiern seine Bestürzung und sein Entsetzen über die Stellungnahme Kreß geäußert. Vor allem wendet er sich gegen die Darstellung, daß die Jugendweihe ein Produkt der DDR sei. Weiterhin sei er erschüttert über die Behauptung, daß eine wirkliche Bindung an die Gesellschaft nur durch die Konfirmation zu erreichen sei. „Für mich sind nicht-kirchliche und nichtkonfirmierte Jugendliche genauso wertvolle Mitglieder unserer Gemeinschaft wie kirchliche und <u>konfirmierte</u>, betont Mädler.[107]

Im folgenden wird die Jugendarbeit der neugegründeten Verbände vorgestellt.

---

[104] FREIE PRESSE SACHSEN vom 06. 05. 1998.
[105] FREIE PRESSE vom 06. 05. 1998
[106] Ebd.
[107] Ebd.

5.3 DIE „JUGENDARBEIT DER VERANSTALTER"

In die Spur der DDR- Jugendweiheausschüsse traten während und nach der „Wende"
fast nur ostdeutsche Organisatoren, die sich größtenteils aus den ehemaligen
Ausschüssen zusammenstellten. Es taten sich neben dem Zentralen ostdeutschen
Verband einige regionale Veranstalter zusammen, die auch eigenständigen
Elterngruppen, sogenannte „Elternaktive" in gewohntem Stil unter die Arme griffen
und greifen. Wie in der damaligen DDR die Jugendstunden werden auch nach der
Wende Jugendliche auf die Jugendweihe vorbereitet. In diesen Stunden wird
'humanistisches`, als sozial verantwortliches, humanes Verhalten vermittelt und die
Jugendlichen müssen sich dementsprechend verhalten, so zum Beispiel mit anderen
Jugendlichen zusammen kochen, Tänze einstudieren, in Jugendfreizeiten mithelfen.
„Menschliches Handeln müsse humaner werden, um die Folgen von Unglück zu
mildern und Unglück zu vermeiden", so Heidi Rietz, eine Diplom- Pädagogin aus
Eberswalde.[108] Zwar veranstaltet die Interessenvereinigung die „humanistische
Jugendweihe" und die „humanistische Jugendarbeit", aber „Jugendweihe und
Jugendarbeit sind in unserem Verband zwei völlig getrennte Dinge", sagt der
Geschäftsführer des Landesverbandes, Roland Brucksch.[109] Vor allem in der
Jugendarbeit bleibt die Interessenvereinigung im Hintergrund, denn sie vermittelt nur
Veranstaltungen fremder Organisationen. Das Angebot dieser Interessenvereinigung
ist vielseitig. Von Unterhaltungs- und Berufsberatung bis hin zu Sport- und
Gesprächsrunden reichen die Veranstaltungen. Nach Angaben der Bundessatzung
vom 4. November 1995 sind Absicht und Inhalt der Arbeit der Interessenvereinigung
„interessierten Jugendlichen durch ein vielfältiges Angebot an humanistischer
Jugendarbeit [zu helfen] und selbstbewußt in das Erwachsenendasein zu gehen."[110]
Der Verein soll dazu inhaltliche Gespräche aller Art, Begegnungen, Exkursionen,
Reisen und Projekte anbieten, die den Jugendlichen neue Kenntnisse auf den
verschiedensten Gebieten vermitteln soll. Meier kritisiert hier besonders die
Anspruchslosigkeit der Veranstaltungen. Die Jugendarbeit der Interessenvereinigung
der humanistischen Jugendarbeit und Jugendweihe als solches wird kaum mit der

---

[108] MEIER, ANDREAS (Hg.): Jugendweihe- JugendFEIER. Ein deutsches nostalgisches Fest vor und
nach 1990. Dtv- München 1998. S. 18.
[109] FREIE PRESSE vom 06. 05. 1998.
[110] MEIER, ANDREAS (Hg.): Jugendweihe- JugendFEIER. Ein deutsches nostalgisches Fest vor und
nach 1990. S. 25.

geschichtlichen Tradition der Jugendweihe konfrontiert. Eher locken sie die
Jugendlichen mit Anzeigen wie: „Jugendweihe auf Video" oder „tollen Schiffsreisen
zur Jugendweihe- Fete."[111] Es kann der Eindruck entstehen, daß das Angebot der
humanistischen Jugendarbeit konzeptlos ist, weil über die Teilnahme von den
Jugendlichen nach deren Belieben entschieden wird. Wenn man das Wort
„humanistisch" im Lexikon nachschlägt, bedeutet es im Sinne der Alltagssprache
„Bemühung um Menschlichkeit"[112]. Doch diese Bemühung ist in den Vorbereitungen
der Jugendweihe nicht zu erkennen. Jugendliche auf das Erwachsenenalter
vorzubereiten ist nicht ausschließlich mit Feten oder Kosmetikberatungen getan.
Vielmehr die hiermit einhergehende Einbindung in soziale und gesellschafts-
politische Arbeitsbereiche legt den Jugendlichen Sorge um Mitmenschen , soziales
Engagement als Ausdruck von Menschlichkeit ans Herz. Beide Aspekte sollten
gleichrangig im Mittelpunkt der Jugendarbeit stehen. Hierbei gilt zu bedenken , daß
Jugendliche in diesem noch sehr pupertärem Alter ihre Identität entwickeln und nach
Vorbildern suchen. Daher ist es von erheblicher Relevanz, in o.a. Teilbereichen
gleichgewichtige Arbeitsakzente zu setzen.

Nach der deutschen Einigung wurde in einer Leipziger Studie über Meinungswandel
Jugendlicher im Jugendweihealter festgestellt, daß `Nächstenliebe` und Freundschaft
bei den ostdeutschen Jugendlichen weniger hoch bewertet wird. Die Ursache dabei
sah man in der Gesellschaft, in der „Rivalität" und „Ellenbogenmentalität"
vorherrschen, und somit die Jugendlichen keine Chancen erhalten, positive
Erfahrungswerte zu sammeln. Laut Meier wurde nicht bekannt, mit welchen
Maßnahmen die humanistische Interessenvereinigung, die über die Hälfte aller
ostdeutschen Jugendlichen erreicht, diese Trends in Ostdeutschland gebrochen sehen
will.[113]

Weiterhin ist an der humanistischen Jugendarbeit zu kritisieren, daß sich die
Interessenvereinigung in keiner Form um die Begleitung der angemeldeten Weihlinge
kümmert. Die Jugendlichen werden nicht einmal in eine Gruppe zusammen gefaßt,
um gemeinsam in der Vorbereitung der Jugendweihe einen Veranstaltungszyklus zu

---

[111]Vgl. SÄCHSISCHER VERBAND FÜR JUGENDARBEIT UND JUGENDWEIHE e.V.
REGIONALBÜRO BAUTZEN (Hg.): Freizeitkalender 1997- 1998. S. 12-24.
[112] WISSENSCHAFTLICHER RAT DER DUDENREAKTION ; DROSDOWSKI, GÜNTHER;
MÜLLER, WOLFGANG u.a.(Hg.): DUDEN: Das Fremdwörterbuch. Dudenverlag Mannheim;
Leipzig, Wien, Zürich 1990. S. 319.
[113] Vgl. MEIER, ANDREAS (Hg.): Jugendweihe- JugendFEIER. Ein deutsches nostalgisches Fest vor
und nach 1990. Dtv- München 1998. S. 41- 42.

durchlaufen. Das Belieben eines jeden Jugendlichen wird in den Vordergrund gestellt. Diese Darstellung kann ein Beleg dafür sein, daß die Veranstalter einer neuen `Liberalität` entgegensteuern.

Die inhaltliche Konturenlosigkeit der von der Interessenvereinigung für Jugendarbeit und Jugendweihe organisierten Jugendweihen scheint nach Angaben Meiers ganz im Interesse der Eltern der Weihlinge zu liegen. So stellt er die Behauptung auf, es liege im Interesse der Eltern, daß die Interessenvereinigung durch die Jugendweihe nicht in eine andauernde Verbindung mit den geweihten Jugendlichen treten will. Meier nennt dies nüchtern „Mitgliedschaftsverhältnisse". Dies setze voraus, „daß sich alle Beteiligten im Sinn der Vereinigung einig sind, an dem das Engagement aller gemessen wird. Ein solches Engagement könne Jugendliche unabhängiger gegenüber ihrem Herkommen werden lassen."[114] Dieser Meinung kann ich mich nicht anschließen, da Erhebungen ergeben haben, daß sich sowohl Eltern als auch Jugendliche eine engere Bindung zum Verband wünschen, damit die Jugendarbeit verstärkt an ihren Kindern vorgenommen wird.[115]

Vielmehr scheint die Konturen- und Interesselosigkeit an der Jugendarbeit des Vereins zu liegen. So schildert auch eine Mutter eines befragten Jugendlichen ihre Erfahrungen mit dem Verein, nach der Frage der Jugendarbeit:

„Ich hatte mich dann auch mit Frau F. unterhalten und die meinte zu mir, daß sie so viele Jugendliche haben.... Das waren ja manchmal drei Veranstaltungen am Tag und wenn sie dann noch Vorbereitungsstunden geben sollen, dann kommen sie ja mit der Arbeit gar nich mehr hinterher."[116]

Die Interessenvereinigung läßt die Beziehungslosigkeit zu den von ihr geweihten Jugendlichen, die dem Vorrang der Weihen Züge maschineller Dienstleistung gibt, indessen ungern nach außen treten. Alle Jugendweiheteilnehmer werden zu „zeitweiligen Mitgliedern" erklärt, die Mitgliederzahl wird so auf einen hohen Niveau gehalten. Das Bundesland Sachsen gibt ein Beispiel dafür. In Sachsen gab es

---

[114] MEIER, ANDREAS (Hg.): Jugendweihe- JugendFEIER. Ein deutsches nostalgisches Fest vor und nach 1990. Dtv- München 1998. S. 45.
[115] Das folgende Kapitel wird diese Problematik darstellen. Die genannten Erhebungen wurden von mir persönlich durchgeführt und ausgewertet.
[116] Interview mit Frau P. am 25.07.1998. S. 7, Z. 23 ff.

1993/ 94 in 592 Feiern 31. 262 Weihlinge. 1995 gab es knapp dreißig eingetragene Mitglieder im Sächsischen Verband für Jugendarbeit und Jugendweihe e.V., der Mitglied im Landesverband der Interessenvereinigung für Jugendarbeit und Jugendweihe und Partner der Jugendweihe e.V. Hamburg ist. Zu den Mitgliedern kommen 30.000 zeitweilige Mitglieder hinzu, weil alle Teilnehmer an der Jugendweihe automatisch für ein Jahr Mitglied sind. Der Verband macht diese 'Zwangsmitgliedschaft' dadurch schmackhaft, daß der monatliche Mitgliedsbeitrag von 1,- DM für das erste Jahr also 12,- DM in der Teilnehmergebühr von 98,-DM enthalten ist. Der Landesverband Berlin verfährt ähnlich: 1995/ 96 waren 2, 50DM des Teilnehmerbetrages an der Jugendweihe von 125,-DM zeitweiliger Mitgliedsbeitrag. Damit erhoffen sich die Organisatoren mehr Interessenten an der Jugendweihe. Angeblich sind sie nicht an den inhaltlichen Beiträgen oder an dem Geld, sondern an der Zahl der Mitglieder interessiert.[117]

Zu den Jugendweihen werden Urkunden und bei der Interessengemeinschaft auch das Geschenkbuch „Deutschland- so schön ist unser Land" überreicht.[118] Werner Riedel, erster Präsident der Interessenvereinigung befragte seine Weihlinge bei der Übergabe der Urkunden nach ihren Geschenkerwartungen. „Der Wunsch nach Geschenken sei sehr wichtig" betonte er. „So ist zu sehen, daß man sich kaum unterscheidet von anderen Möglichkeiten des Übergangs von der Kindheit in das Jugendlichenalter, wo die Geschenke eine wichtige Rolle spielen, was sie auch tun sollten." Anhand dieser Darstellung erhält man den Eindruck, daß die Jugendweihe im vereinten Deutschland nur einen materialistischen Wert besitzt. In einer Sonderveröffentlichung der Märkischen Oder- Zeitung vom 16. März 1995 wurde ausführlich über den Schritt in das Erwachsensein berichtet. Dabei wurden die Jugendweihe und die Konfirmation gegenübergestellt. Darin lautet es: „Ein Wert aber bleibt: Am Tag der Jugendweihe oder der Konfirmation stehen die jungen Menschen im Mittelpunkt der Familie und Freunde. Sie werden mit zahlreichen Geschenken bedacht. Es hat eine lange Tradition, dem Kind ein Geschenk vom bleibenden Wert zu machen."[119]

[117] Vgl. ADAM, H.: Gedanken zur Jugendweihe. In: ALTERNATIVE ENQUETEKOMMISSION DEUTSCHE ZEITGESCHICHTE, ARBEITSGRUPPE BILDUNG u.a. (Hg.): Unfrieden in Deutschland. Bildungswesen und Pädagogik im Beitrittsgebiet. Berlin 1994, S. 375f.

[118] Vgl. TENORTH, HEINZ- ELMAR/ KUDELLA, SONJA u.a. (Hg.): Politisierung im Schulalltag der DDR. Durchsetzung und Scheitern einer Erziehungsambition. Deutscher Studien Verlag; Weinheim 1996. S. 241f.

[119] Ausschnitt aus: MÄRKISCHE- ODER ZEITUNG v. 16. März 1995. In: MEIER, ANDREAS (Hg.): Jugendweihe- JugendFEIER. Ein deutsches nostalgisches Fest vor und nach 1990. Dtv-München 1998. S. 45.

Eigentümlich ist dabei nur, daß die materiellen Gaben hier keinen Gedanken zum biographischen Anlaß aufweisen.

Meier kritisiert vor allem auch die Interesselosigkeit der Veranstalter an der Geschichte der DDR. Meier folgend bin auch ich der Meinung, daß die Geschichte der DDR außen vor gelassen wird, weil die Interessenvereinigung befürchtet, daß ihr Ursprung aus den DDR- Ausschüssen und das Engagement vieler ihrer Mitarbeiter für die SED- DDR zur Sprache käme. Indem die privatwirtschaftliche Interessenvereinigung Jugendweihe diese Gefahr umgeht, um ihr Geschäft zu sichern, hält sie den Jugendlichen das Geschichtsbild wach, daß in der Erinnerungsgemeinschaft „selbstbestätigend am Leben erhalten wird."[120] Das Thema: „Generelle Zerstörung der Erfahrung durch das Ende der DDR", so wie es Uwe Kolbe zu nennen vermag, wird in der Jugendweihearbeit nicht aufgeworfen. Der Literat Uwe Kolbe sprach vom „wunderbaren Ende der Naivität", das durch die Zertrümmerung der DDR- Erfahrungen bewirkt worden sei.[121]

Die Interessenvereinigung gibt ihren organisierten Jugendweihen keinen Sinn, der von Geschenken unabhängig ist. Die Jugendarbeit wird von den Organisatoren außen vor gelassen, auch wenn sie sich mit der Behauptung stärken, daß „jährlich etwa 300.000 [Jugendliche] an den Veranstaltungen der Jugendweihe teilnehmen."[122]

---

[120] MEIER, ANDREAS (Hg.): Jugendweihe- JugendFEIER. Ein deutsches nostalgisches Fest vor und nach 1990. Dtv- München 1998. S. 46.
[121] Uwe Kolbe nannte dieses Thema im Gespräch mit Wolfgang Hilbig und Lutz Rathenow am 30. Mai 1996 in der Behörde des Bundesbeauftragten für die Unterlagen des Staatssicherheitsdienstes. In: Vgl. MEIER, ANDREAS (Hg.) Jugendweihe- JugendFEIER. Dtv- München 1998. S. 85.
[122] FREIE PRESSE SACHSEN vom 06.05.1998.

TEIL III

Studie

6 Datenerhebung

Da nun ausführlich die Weiterführung der Jugendweihe nach der Wiedervereinigung geschildert und die „Jugendarbeit" der Veranstalter vorgestellt wurde, muß nun untersucht werden, warum so viele junge Menschen als Weihlinge teilnehmen. Um diese Frage zu beantworten, entschied ich mich Interviews mit Jugendlichen durchzuführen, die in diesem Jahr die Jugendweihe erhalten haben. Besonderes Augenmerk legte ich in dieser Erhebung auf die Äußerungen der Befragten über die Bedeutung der Jugendweihe.

6.1 AUSWAHL DER BEFRAGTEN UND KONTAKTAUFNAHME

Im Rahmen dieser Untersuchung habe ich mich entschieden, eine bestimmte Gruppe auszuwählen, die für meine Thematik am interessantesten erschien. Folglich habe ich Jugendliche gesucht, die in diesem Jahr (1998) die Jugendweihe erhalten haben. Der Wahl dieser Jugendlichen lag die Überlegung zugrunde, daß 14jährige sich noch an Details ihrer Feier erinnern können und bereits in diesem Alter Gefühle und Einordnungen äußern und geben können, wie zum Beispiel: „das gefiel mir nicht" oder „damit war ich zufrieden/ unzufrieden."

Mit diesem Vorverständnis habe ich verschiedene Verbände für Jugendarbeit und Jugendweihe angeschrieben, mit der Bitte, mir interessierte Jugendliche zu vermitteln.[123] Im Juli 1998 erhielt ich endlich eine telefonische Rückmeldung eines

---

[123] Orginalwortlaut des Schreibens vom 05.03. 1998: „Ich bin Diplompädagogin- Studentin an der Philipps- Universität Marburg- Biedenkopf und befinde mich derzeit in den Abschlußprüfungen des Fachbereiches Erziehungswissenschaften. Unter diesen Prüfungen befindet sich auch eine wissenschaftliche Abschlußarbeit (Diplomarbeit). Die Diplomarbeit soll zeigen, daß der Kandidat in der Lage ist, ein Problem selbständig nach wissenschaftlichen Methoden zu bearbeiten. Unter diesem Gesichtspunkt habe ich mich für das Thema: Ostdeutsche Jugendtradition- „Revitalisierung des Wertes der Jugendweihe" entschieden. Das Phänomen Jugendweihe gehörte in der damaligen DDR zu <u>der</u>

sächsischen Verbandes. Mit der Entschuldigung, daß auch meine zweite schriftliche Nachfrage vergessen wurde, sandte mir der Verband innerhalb einer Woche eine von ihnen willkürlich zusammengestellte Liste von 5 angeblich interessierten Jugendweiheteilnehmern. Die Liste bestand aus zwei 14jährigen Jungen und 3 Mädchen gleichen Alters. Nach mündlicher Zusicherung vom Verband nahm ich an, daß die jeweiligen Jugendlichen von meinem Vorhaben informiert wurden. Da sich nach 14 Tagen noch keiner der Jugendlichen schriftlich oder telefonisch gemeldet hatte, erkundigte ich mich noch einmal telefonisch bei dem Verantwortlichen des Verbandes über mögliche Ursachen der fehlenden Rückmeldungen. Bei diesem Telefongespräch stellte sich heraus, daß diese Schüler vom Verband nicht über die Durchführung von Interviews unterrichtet wurden.

Aufgrund dieser Gegebenheit entschied ich, mich jedem der 5 Kandidaten in schriftlicher Form vorzustellen. Gleichzeitig verknüpfte ich diesen Brief mit meinem Vorhaben und der Bitte, um telefonische Rücksprache. Ich hielt diese Vorgehensweise für sinnvoll, denn so konnten sich Jugendliche melden, die ein vorrangiges Interesse an der Untersuchung hatten, und dies- zumindestens zu diesem Zeitpunkt- vollkommen unabhängig von meiner Person. Bemerkenswert erscheint mir in diesem Zusammenhang, daß sich zu diesem Zeitraum nur Jungen gemeldet haben. Es muß jedoch dahingestellt werden, ob diese Tatsache an meiner Geschlechtszugehörigkeit gemessen werden kann, oder ob Jungen sich gegenüber solchen Projekten offener verhalten als Mädchen. Da sich zu dieser Zeit, durch ein telefonisches Feedback, nur zwei männliche Kandidaten zu Verfügung stellten, bei denen es zu einem Interviewtermin gekommen ist, versuchte ich durch das „Schneeballverfahren" an Jugendliche heran zu treten, die für ein Interview mit mir

---

Tradition, und war ein Teil des sozialistischen Bildungswesens. Sie nahm darauf Einfluß, daß die Jugendlichen ihre Rechte und Pflichten als sozialistischer Staatsbürger bewußt wahrnehmen. Als die Wende 1990 kam, war man der Ansicht, daß sich auch dieses Ritual nicht mehr durchsetzen würde. Somit mußte ich mit Erstaunen feststellen, daß immer noch ein Teil Jugendlicher die Jugendweihe als äußerst relevant ansehen. In meiner Diplomarbeit werde ich mich hauptsächlichst mit den Fragen befassen, welche Wertvorstellungen Jugendliche in der Gegenwart mit der Jugendweihe verbinden , wie sich das Ausmaß der Jugendweihe auf die Familie auswirkt und welche möglichen Perspektiven für die Zukunft zu verzeichnen sind. Um diese Fragen wissenschaftlich zu bewältigen, werde ich mich der Empirie bedienen, eine Methode der Sozialwissenschaften. Sie setzt eine Durchführung von Erhebungen (Interview) voraus, die dann empirisch analysiert werden. Nach Beendigung der empirischen Analyse dienen die Aussagen der befragten Jugendlichen als Arbeitsmaterial meiner Diplomarbeit. Angesichts dieser Thematik würde ich mich freuen, wenn sie mir eine Liste von Jugendlichen schicken würden, die in diesem Jahr die Jugendweihe durchgeführt haben. Ferner möchte ich darauf hinweisen, daß die Kandidaten anonym behandelt werden. Es werden Namen und Ort des

bereit wären. Da selbst in diesem Fall sich drei Jungen zu Verfügung stellten und keines der angeschriebenen   Mädchen zu einem Interview mit mir bereit waren, beruhen meine Erhebungen auf fünf männlichen Kandidaten. Dieser Sachverhalt hat natürlich eine erhebliche Einschränkung meiner Auswertung zu Folge.

Zusätzlich entschloß ich mich nach eigener Abwägung auch ein Elternteil in das Interview mit einzubeziehen, um möglichst eine komplexe Einsicht von der jeweiligen Familiensituation zu bekommen. Ich erhoffte mir auch durch die Aussagen der Eltern einen besseres Bild von der Jugendweihe zu erhalten. Von zwei Jungen waren jeweils die Mütter bereit, sich an dem Interview zu beteiligen. Somit kamen dann insgesamt fünf Interviewtermine zustande.

6.2 ERHEBUNGSTECHNIK

Ich habe eine qualitative Erhebung durchgeführt nach dem Leitfaden der Grounded Theory.[124] Schon am Telefon habe ich den Jugendlichen erklärt, daß ich mit einer einleitenden Frage beginnen werde, die wie folgt lautete:

„ So, wie du ja schon weißt, bin ich an den Vorbereitungen und an dem Ablauf deiner Jugendweihe interessiert. Doch zuvor interessiert mich , wie du aufgewachsen bist, ob du Geschwister hast, welche Schule du besuchst und ob du schon Pläne für deine Zukunft hast. So, ich bin jetzt still und du kannst beginnen."

Aktiv beteiligt am Interviewverlauf war ich insofern noch, als daß ich gezielte Fragen zu der Jugendweihe stellte und erzählgenerierende Elemente wie gelegentliche verbale Äußerungen („ja", „hm") oder nonverbale Gesten (Kopfnicken) dazu benutzt habe, um den erzählenden Jugendlichen mein Interesse zu verdeutlichen und zu einem Weitererzählen ihrer Geschichte anzuregen.

Methodologisch sind die Vorgaben der Interviews, wie ich sie geführt habe, mit den Vorgaben des Theoretical Sampling, ein Verfahren der Grounded Theory nach Strauss/ Corbin, vergleichbar. An dieser Stelle werde ich, einige mir wesentliche

---

jeweiligen Interviewten geändert. Ich wäre ihnen dankbar, wenn sie mich in meinem Vorhaben unterstützen würden."

[124] Vgl. STRAUSS, ANSELM/ CORBIN, JULIET: „Grounded Theory: Grundlagen Qualitativer Sozialforschung. Beltz Psychologie Verlags Union, Weinheim 1996.

Punkte des Theoretical Sampling darstellen und meine Entscheidung zu diese Erhebungstechnik erläutern.

Vorerst werde ich einige einführende Worte zu der Grounded Theory geben. „Die Grounded Theory ist eine gegenstandsverankerte Theorie, die induktiv aus der Untersuchung des Phänomens abgeleitet wird, welches sie abbildet. Sie wird durch das systematische Erheben und Analysieren von Daten, die sich auf das Phänomen beziehen, entdeckt, ausgearbeitet und vorläufig bestätigt."[125] Dabei stehen Datensammlung, Analyse und die Theorie in einer wechselseitigen Beziehung. Die Grounded Theory ist eine qualitative Forschungsmethode beziehungsweise Methodologie, die eine systematische Reihe von Verfahren benutzt, um eine induktiv abgeleitete, gegenstandsverankerte Theorie über ein Phänomen zu entwickeln.[126]

Das Theoretical Sampling (Theoretisches Sammeln) ist ein Verfahren der Grounded Theory, das jedoch mit einigen Vorgehensweisen anderer Verfahren verknüpft ist. Zunächst stützt sich das Theoretical Sampling auf die Basis von Konzepten, „die eine bestätigte theoretische Relevanz für die sich entwickelnde Theorie besitzen."[127] Es werden beim Theoretical Sampling drei Verfahrensweisen unterschieden, die hier nur kurz erwähnt seien: Das *offene Sampling* ist mit dem *offenen Kodieren*[128] verknüpft. Dieses Verfahren basiert auf der Offenheit der Stichprobenauswahl.

Offenes Sampling kann absichtlich oder systematisch durchgeführt werden oder sich zufällig ereignen. Dagegen ist das zweite Verfahren, *„das Sampling von Beziehungen und Variationen „* mit dem *axialen Kodieren*[129] verbunden. Deren Zielsetzung beruht auf dem Finden von Unterscheidungen, die auf dimensionaler Ebene zu maximieren

---

[125] Vgl. STRAUSS, ANSELM/ CORBIN, JULIET: „Grounded Theory: Grundlagen Qualitativer Sozialforschung" Beltz, Psychologie Verlags Union 1996. S. 7f.

[126] Vgl. WIEDEMANN, PETER: Gegenstandsnahe Theoriebildung. In: FLICK, UWE; v. KARDORFF, ERNST u.a. (Hg.): Handbuch Qualitative Sozialforschung. Grundlagen, Konzepte, Methoden und Anwendungen. 2. Auflage. Beltz, Psychologie Verlags Union 1998. S.441.

[127] STRAUSS, ANSELM/ COLBIN, JULIET: „Grounded Theory: Grundlagen Qualitativer Sozialforschung" Beltz, Psychologie Verlags Union, Weinheim 1996. S. 149.

[128] Der Begriff Kodieren ist der Prozeß der Datenanalyse. Offenes Kodieren in der Grounded Theory ist der Prozeß des Aufbrechens, Untersuchens, Vergleichens, Konzeptualisierens und Kategorisierung von Daten. Vgl. GLASER/ STRAUSS: Die entstehenden Theorien. In: LAMNEK, SIEGFRIED: Qualitative Sozialforschung. Band 1 Methodologie 3., korrigierte Auflage. Beltz Psychologie Verlags Union, Weinheim 1995. S. 119- 122.

[129] Das axiale Kodieren bedeutet eine Reihe von Verfahren, mit denen durch das Erstellen von Verbindungen zwischen Kategorien die Daten nach dem offenen Kodieren auf neue Art

sind. Es kann, wie beim offenen Sampling absichtlich oder systematisch durchgeführt werden. Das *diskriminierende Sampling*, die dritte Form des Theoretical Sampling, ist mit dem *selektiven Kodieren*[130] verknüpft. Beim diskriminierenden Sampling wählt der Forscher solche Orte, Personen und Dokumente, die die Chancen zum verifizieren (durch Überprüfen die Richtigkeit von etwas bestätigen, ggb. Beglaubigen lassen) des Fadens in der Geschichte, der Beziehungen zwischen Kategorien und zum Ausfüllen spärlich entwickelter Kategorien maximieren.

Das Theoretical Sampling bezieht sich immer auf das Anstellen von Vergleichen, was auf die Ausarbeitung von Kategorien ausgerichtet ist. Corbin und Strauss berücksichtigen ForscherInnen, die in Anwendung mit der Grounded Theory arbeiten und keine Theorie in der Form aufstellen wollen, wie es dieses Verfahren voraussetzt. Dadurch sind nur einige Kodierarbeiten zu leisten, wo weder die Einzeldimensionen von Kategorien noch die Beziehungen zwischen Kategorien und Subkategorien ausführlich auszuarbeiten sind. Es wird eher systematisch gearbeitet und Vergleiche in der Analyse angestellt, das das Arbeiten mit dem Theoretical Sampling voraussetzt. Somit entschied ich mich aus diesem erwähnten Eingangsimpuls, meine Datenerhebung anhand des Theoretical Sampling durchzuführen. Das Verfahren setzt gezielte Fragen im Interview voraus. Diese Interviewfragen besitzen noch keine bestätigte theoretische Relevanz für die sich entwickelnde Theorie und müssen deshalb als Provisorium angesehen werden.

---

zusammengesetzt werden. Vgl. STRAUSS/ COLBIN: Grounded Theory. Grundlagen qualitativer Sozialforschung. Weinheim 1996. S. 75.
[130] Das Selektive Kodieren ist ein Prozeß, wo die Kernkategorien ausgewählt werden. Weiterhin werden die Kernkategorien mit anderen Kategorien in Beziehung gesetzt, die dann eine später eine weitere Verfeinerung und Entwicklung bedürfen. Vgl. Ebd. S. 94.

Meine gezielten Fragen lauteten wie folgt:

1. War die Jugendweihe ausschlaggebend für deine weiteren Pläne?
2. Wie wurdest du auf die Jugendweihe aufmerksam gemacht?
3. Wie verlief die Anmeldung?
4. Wurde die Feier von einem Verein oder von deinen Eltern gestaltet?
5. Wurden Euch Jugendstunden angeboten?
6. Wie verlief das Jugendweihefest?
7. Welche Position übte die Schule im Hinblick auf die Jugendweihe aus?
8. Warum hast du dich für die Jugendweihe entschieden?
9. Hättest du von der Jugendweihe mehr erwartet, und wenn ja, warum?

Diesen Fragen lagen der Überlegung zugrunde, durchaus Informationen über den Inhalt und den Ablauf der heutigen Jugendweihe zu erhalten. Zudem erhoffte ich mir durch diese gezielten Fragestellungen, die eine oder andere Wertung über die Jugendweihe bei den Jugendlichen zu erfahren, was sich auch während der Befragung als ergiebig erwies.

Nach dem auf Band aufgenommenen Interviews, die zwischen 20 und 45 Minuten dauerten, habe ich den Jugendlichen angeboten, auch kurz aus meinem Leben zu berichten, als Moment elementarer Korrelation. Das Angebot wurde von jedem der Jugendlichen angenommen. Dabei ergaben sich auch Gespräche, in den die Befragten ihrerseits Fragen stellten. Beim Abschied habe ich jeden einzelnen von ihnen um eine Rücksprachemöglichkeit zu einem späteren, noch nicht terminierten Zeitpunkt gebeten, was von allen zugesagt wurde.

Einige Punkte zur Interviewsituation wie beispielsweise Wohnwelt, Erscheinungsbild der Befragten werde ich im folgenden darstellen.

6.3   SOZIALE GESTALTUNG DER INTERVIEWSITUATION

Ein sehr zentrales und in jeder Phase der Forschung zu berücksichtigendes Prinzip, so auch in der Grounded Theory, ist die grundsätzliche Offenheit und Flexibilität, um die Befragten in deren Sicht und in deren natürlicher Lebenswelt zu erfahren.[131] Somit entschied ich mich, sämtliche Interviews in für die Befragten gewohnter Umgebung durchzuführen.

> „Um wirklich gute Interviews zu bekommen, muß man [...] in die Lebenswelt dieser Menschen gehen und darf sie nicht in Situationen interviewen, die ihnen unangenehm oder fremd sind."[132]

Da ich selbst bei meiner vorangegangenen schriftlichen Vorstellung und der anschließenden Telefonate zur Terminvereinbarung kein Problem in meinem noch selbst sehr jungen Alter sah, habe ich mich von Anfang an mit den Jugendlichen geduzt. Zwar waren alle Interviewteilnehmer vor dieser Begegnung aufgeregt, jedoch legte sich diese Situation nach einigen Minuten.

Erwähnenswert an dieser Stelle ist ein Erlebnis, das sich während des ersten Interviewtermins zugetragen hatte.

Da das erste Interview an einem Sonntag stattfand, war ich darauf eingestellt, daß sich die ganze Familie zu Hause aufhalten würde. Zunächst fuhr ich mit dem Auto vor die Eingangstür des Wohnblocks. Als ich den PKW verließ, wurde ich von einem Mann mittleren Alters beobachtet. Sein starrer Blick trennte sich nicht von meiner Person. Im ersten Moment störte mich diese Begegnung. Das muß wohl daran gelegen haben, daß ich selbst sehr unsicher und aufgeregt war vor dem ersten Zusammentreffen. Ich versuchte dieses Gefühl zu verdrängen, in dem ich ihn beim Vorbeigehen freundlich grüßte.   Im Treppenhaus wurde ich bereits von dem Jugendlichen erwartet und in die Wohnung hereingebeten. Ich nahm im Wohnzimmer Platz und versuchte zunächst mit dem Jugendlichen eine zwanglose Unterhaltung zu

---

[131] Vgl. LAMNEK, SIEGFRIED: Qualitative Sozialforschung. Band 1 Methodologie. 3., korrigierte Auflage. Beltz Psychologie Verlags Union, Weinheim 1995. S. 195- 196.
[132] GIRTLER, ROLAND: Der Strich. Erotik der Straße. In: LAMNEK, SIEGFRIED (Hg.): Qualitative Sozialforschung Band 2. Methoden und Techniken. 3., korrigierte Auflage, Beltz Verlags Union 1995 S. 95.

führen, um Gelegenheit zum gegenseitigen „Beschnuppern" zu geben und ein lockeres unbefangenes Ambiente herzustellen.

Währenddessen begrüßte mich die Mutter mit Kaffee und Kuchen. Später stellte sich auch der Vater vor , der sich letztendlich durch beiderseitiges Erkennen als der „mysteriöse" Mann herausstellte.

Dieses Erlebnis definiert, daß sich die forschende Neugierde mithin auf das Private richtet, was auch gänzlich normal für den Forscher und den zu Befragenden ist. Denn schließlich tritt man als Forscher in eine Itimsphäre ein und das kann für beide Parteien als sehr unangenehm empfunden werden. Doch anhand der Zusage, die ich von den Jugendlichen erhalten habe, schloß ich diese Konstellation aus. Zudem hielt ich es auch für notwendig, dem Befragten mein Interesse an seiner Person zu vermitteln, d.h. ihm nicht den Eindruck zu verschaffen, daß er ausschließlich den Zweck als „Datenquelle" erfüllt, sondern ihn in seiner Einzigartigeit ernst zu nehmen, um so das Vertrauen aufrechtzuerhalten.

6.4 TRANSKRIPTION

Alle durchgeführten Interviews wurden tontechnisch aufgezeichnet, doch werden die Datenmaterialien erst durch die Transkription kontrollierbar. Die Kritik, daß die qualitative Sozialforschung der Willkür und der Subjektivität ausgesetzt ist, kann in sofern widerlegt werden, daß eine dritte Person die Interviewleitung und die darauffolgende Auswertung des Materials anhand der Verschriftlichung überprüfen kann.

So wurden alle Bandaufzeichnungen unter dem von Schütze vorgeschlagenen Transkriptionsverfahren verschriftlicht. Ich habe eine vollständige Transkription sowohl der sprachlichen als auch der parasprachlichen Interaktion im Interview (z.B. Störungen, Pausen, Lachen etc.) für sinnvoll erachtet, da sich die Aussagen der Jugendlichen und beteiligten Eltern nicht nur auf das explizit gesprochene gründen, sondern darüber hinaus für mich selbst die kommunikativen Handlungen im weiteren Sinne beachtlich sind.

Während der Transkription wurden alle Angaben, die eine Identifizierung der Person erlauben würden, weder in Sinn noch in Inhalt verändert.

7   Die Bedeutung der Jugendweihe aus Sicht der Jugendlichen

In diesem nun folgenden Kapitel werde ich die heutige Jugendweihe anhand von Aussagen einzelner Befragten näher vorstellen und nach der Antwort der von mir gestellten Frage suchen, warum so viele Ostdeutsche an einer Feier fest halten, obwohl diese seit 1954 aufgezwungen wurde. Dabei erachte ich es für sinnvoll, ausführlich auf die Anmeldungs- und Vorbereitungserfahrungen einzelner Jugendlicher und der von mir befragten Mütter einzugehen. Dabei wird explizit auf die Frage eingegangen, was den Jugendlichen an der Teilnahme zur Jugendweihe bedeutet.

Die nun folgenden Ausführungen richten sich insbesondere auf den Sächsischen Verband für Jugendarbeit und Jugendweihe e.V..

7.1   DIE JUGENDWEIHE AM BEISPIEL DES LANDES SACHSEN- DER SÄCHSISCHE VERBAND FÜR JUGENDARBEIT UND JUGENDWEIHE E.V.

Der Sächsische Verband für Jugendarbeit und Jugendweihe e.V. gründete sich im Jahre 1990. Dieser ist Mitglied der Interessenvereinigung für humanistische[133] Jugendarbeit und Jugendweihe e.V. Deutschland und Partner der Jugendweihe e.V. Hamburg. Ziel des Sächsischen Verbandes, mit Hauptsitz in Dresden, ist es vor allem „junge Menschen auf ihren Weg ins „Erwachsenenland" zu helfen... und... humanistische Lebenskonzeptionen zu vermitteln.", so Werner Hütter, Präsident des Sächsischen Verbandes für Jugendarbeit und Jugendweihe e.V..[134]

---

[133] Die Interessenvereinigung für humanistische Jugendarbeit und Jugendweihe e.V. wird ausführlich in Kapitel 5.2. S. 47 vorgestellt. Der Begriff „humanistisch" den dieser Verein inne hat, wird in Kapitel 5.3. S. 51 ff. dokumentiert.
[134] SÄCHSISCHER VERBAND FÜR JUGENDARBEIT UND JUGENDWEIHE e.V. REGIONALBÜRO BAUTZEN (Hg.) Anmeldeformular 1997- 1998 S. 5.

Der Verband gestaltet pro Jahr über 500 Feiern, in denen die Jugendweiheteilnehmer mit ihren Eltern, Verwandten und Freunden in familiärer Atmosphäre den Schritt ins Jugendalter festlich und jugendgemäß begehen sollen. Um sich eine Vorstellung über die Veranstaltung zu machen, werde ich kurz den Ablauf einer Feier des Sächsischen Verbandes für Jugendarbeit und Jugendweihe e.V. beschreiben.

Wie aus der DDR schon vertraut, finden auch die heutigen Jugendweihefeiern in einem anspruchsvollen Raum, etwa einer Konzerthalle oder im Theater statt. Auf der Bühne geht es dabei festlich zu. Im allgemeinen besteht das Kulturprogramm des Sächsischen Verbandes aus Tanzgruppen und einer Band aus einem Nachbarort, die in wechselseitiger Beziehung Eltern und Weihlinge bei Laune halten sollen. Zu Ehren der Jugendlichen wird eine Festansprache gehalten, meist vom Veranstalter selbst. Schließlich folgt deren Auszeichnung durch eine persönlich vom Festredner ausgehändigte Urkunde, ähnlich wie in der DDR, die meist nichts als den Namen und eine Bestätigung der Teilnahme an der Jugendweihe vermerkt. Die Jugendweihefeier bleibt hinsichtlich dessen unpersönlich, weil nicht für jeden Teilnehmer individuell ein Spruch ausgewählt ist, der zu seiner Biographie paßt. Die Weihlinge verschwinden so in der Gesellschaft. Nach der Veranstaltung reihen sich die Weihlinge im Familien- und Freundeskreis zu Familienfotos auf, bevor sie, reich beschenkt, Mittelpunkt von Familienfeiern sind. Damit ist das Gerüst aller Jugendweiheveranstaltungen beschrieben.

Nach Angaben des Sächsischen Verbandes für Jugendarbeit und Jugendweihe e.V. nahmen 1997 34.000 Jugendliche an der Jugendweihe teil mit ca. 250.000 Gästen.[135] Anhand dieser Zahlen, so der Verband „seien sie ein unverwechselbarer und nicht mehr wegzudenkender Teil der Feierkultur in Sachsen."[136] .

Allgemein gestalten sich die Jugendweihefeiern gegenüber der Feier in der DDR sehr unterschiedlich. Vieles hängt nun von den örtlichen Organisatoren und den gewonnenen Festrednern ab. Der Sächsische Verband für Jugendarbeit und Jugendweihe e.V. bietet die Jugendweihe als Familienfeier wie gewohnt, nur unter geänderten „Vorzeichen", an. Alles steht jetzt unter dem Omen der Freiwilligkeit. Niemand muß teilnehmen, auch der Besuch der Vorbereitungsveranstaltungen, die im

---

[135] Vgl. SÄCHSISCHER VERBAND FÜR JUGENDARBEIT UND JUGENDWEIHE e.V. REGIONALBÜRO BAUTZEN (Hg.) Anmeldeformular 1997- 1998. S. 5.
[136] Ebd. S. 6.

Rahmen der „humanistischen Jugendarbeit"[137] an Stelle der zehn Jugendstunden treten sind freiwillig. Die Kür nun ohne Pflicht. „Die Jugendweihe mit neuem Selbstverständnis, als Brücke zwischen Kindheit und Jugend", so beschrieb die Märkische- Oder Zeitung in Frankfurt/ Oder die Jugendarbeit in der Wendezeit. Der sächsische Geschäftsführer, Roland Brucksch betonte in diesem Zusammenhang, daß die neue Jugendweihe gewollt werde, weil sie die Familienfeier ermöglicht, an die sich die meisten Landsleute gern erinnern.[138] Gegenstand dieser Äußerung ist die Sehnsucht der Ostdeutschen an die Erinnerung der erlebten Ereignisse durch die Jugendweihe, ein Ausdruck von nostalgischem Charakter, dem viele Ostdeutsche verfallen sind. Die in der ostdeutschen Erinnerungsgemeinschaft weitergereichten Erfahrungen und Erwartungen laufen zusammen im Heimatgefühl, das eine Feier gewohnter Festbräuche, wie die Jugendweihe vermittelt. Das wird immer wichtiger, weil die in Ostdeutschland Lebenden zu einer Gemeinschaft zusammengerückt sind, zumal die Geburtenrate in Ostdeutschland deutlich gesunken ist und die Zahl der sich Erinnernden verhältnismäßig hoch ist.[139]

Der Wunsch der Eltern nach dem gewohnten Fest, nach Bestärkung der familiären Solidarität in wirtschaftlich turbulenten Zeiten saß tief. Das Verlangen nach diesem Fest ließ Eltern, sogar eine Ärztin, die Frau eines Pfarrers, bitten, eine Festansprache in einer Jugendweihefeier zu halten.[140]

Was aber wird den Jugendlichen Interessantes geboten, und wie empfinden sie selbst die Feier, den Übergang vom Kindes- zum Erwachsenenalter?

Um Gründe für diese 'Traditionsverpflichtung` zu finden, halte ich für zweckmäßig, die Bedeutung der Jugendweihe mittels der Anmeldungs- und Vorbereitungs- erfahrungen aus Sicht der befragten Jugendlichen und Mütter zu schildern.

---

[137] Vgl Kapitel 5.3. S. 51 ff.
[138] Vgl. MEIER, ANDREAS (Hg.): Jugendweihe- JugendFEIER. Ein deutsches nostalgisches Fest vor und nach 1990, dtv- München 1998. S.20-24.
[139] Vgl. MEIER, ANDREAS (Hg.): Jugendweihe- Jugendfeier. Ein deutsches nostalgisches Fest vor und nach 1990, dtv- München 1998. S. 34f.

7.2   ANMELDUNG DER JUGENDLICHEN ZUR JUGENDWEIHE

Die Vorbereitungen sowie die Durchführung der Jugendweihen wurde in der damaligen DDR nicht nur von dem Zentralen Ausschuß für Jugendweihe organisiert und finanziert, sondern auch in enger Zusammenarbeit mit der Schule unterstützt. Heute werden die Jugendweihen eher nüchtern vermittelt. Der aus dem Positionspapier der CDU/ CSU hervortretende Entwurf zur *Chancengleichheit durch neue Bildungskonzeption* von 1990 besagt, daß „die Teilnahme an der Jugend-weihe aus der Verantwortung der Schule [nun] in die freie Entscheidung der Eltern"[141] übergeben werden soll. Die Initiative von den Eltern, Verwandten oder älteren Geschwistern, die selbst die Jugendweihe erlebt haben, läßt Jugendliche an der Jugendweihe teilnehmen. Demzufolge müssen sich die Eltern jetzt selbst um die Aufnahme ihrer Kinder zur Jugendweihe kümmern:

„ Druff gekommen bin ich, daß Bekannte meinen Eltern gesagt haben, daß es hier so´n Verband gibt und die haben's mir eben gesagt und dann sind wir noch mal hoch gegangen, gefragt wie's so abläuft."[142]

Da nun die Schule von der Organisation der Jugendweihe entbunden wurde, müssen sich die Interessenten selbst über den Ablauf und den Termin der Jugendweihe informieren. Bei allen der befragten Jugendlichen organisierten die Eltern die Anmeldung. Diejenigen, die außerhalb der Stadt wohnten, waren entweder auf den PKW oder öffentliche Verkehrsmittel zur Anmeldung im Verein für Jugendweihe angewiesen. Das gestaltete sich für die Betroffenen oft sehr schwierig:

[140] Vgl. MEIER, ANDREAS (Hg.) Jugendweihe- JugendFEIER. Ein deutsches nostalgisches Fest vor und nach 1990, dtv- München 1998. S.8.
[141] FUCHS, HANS- WERNER / REUTER, LUTZ- R. (Hg.) Bildungspolitik seit der Wende. Dokumente zum Umbau des ostdeutschen Bildungssystems (1989- 1994). Leske und Budrich, Opladen 1995. S. 102.
[142] Interview mit Daniel P. am 25.07.1998. S. II Z. 25- 27.

„Das ist ja der Jugendweiheverein e.V. in Bautzen, ja wo man sich dann äh eben anmelden kann,... aber es ist auch schwierig, ich meine mal dort auf die Steinstrasse oder irgendwo, ja das ist dann schnell gemacht, aber er mußte ja immer wieder irgend wie nach Bautzen kommen und jetzt hat er´n Moped aber das war ja zur Zeit noch nich. Die Eltern, wir beede arbeiten beide und der Busverkehr ist och nich mehr so rosig."[143]

Engagierte Kinder wurden vom Verein gebeten, Anmeldeformulare für Klassenkameraden oder Bekannte, die Interesse für die Jugendweihe zeigten zu verteilen. Simultan benutzten die Veranstalter das Engagement der Schüler, damit sie als Vermittler zwischen den Interessenten und dem Veranstalter fungieren:

„ Und dadurch, daß ich von meiner Klasse am meisten dort oben war, bin ich zum Vertrauensschüler geworden, also der dann dorrt vermittelt, zwischen Frau Fischer und meiner Klasse. Naja und ich hab dann in meiner Klasse gefragt, wieviel dann Jugendweihe machen wollen."[144]

Offen bleibt dabei die Frage, welchen Stellenwert diese Kinder in ihrer Umgebung einnehmen.

Im Gegensatz zur damaligen DDR wird die Teilnahme nicht kostenlos angeboten, sondern muß jetzt mit einer jährlich geänderten Gebühr bezahlt werden. 1997 waren für jeden beteiligten Weihling 98,-DM zu zahlen, 27,- DM als Verwaltungsgebühr und 15,- DM für jeden Besucher der Jugendweihefeier. Die Preise seien so kalkuliert, daß sich die Veranstaltung mit jeweils knapp 30 Teilnehmern finanziell trägt.[145]

---

[143] Interview mit Frau M., Mutter von Thorsten M. am 30.07.1998. S. III, Z. 13-15, S. 3 Z. 10-15.
[144] Interview mit Daniel.P am 25.07.1998 S. II Z. 27- 31.

In diesem Jahr wurde vom Sächsischen Verband für Jugendarbeit und Jugendweihe eine Gebühr von 125,- DM pro Jugendweihling eingefordert. Dabei mußte noch zusätzlich für jeden weiteren Besucher 3,- DM bezahlt werden.[146]

Für einige der befragten Jugendlichen sowie auch der beteiligten Mütter gestalteten sich die finanziellen Forderungen des Vereins zu einem „unmoralischen Angebot" Ein befragter Jugendlicher äußert sich wie folgt:

„ ... ich würde sagen,, ich find's einfach zu teuer, denn das Angebot war dann doch nicht so berauschend für 120,- DM, für die ganze Feier dort."[147]

Hier wurde mit der Tradition insofern gebrochen, daß die Beteiligten heute als „entmündigte" Empfänger einer bezahlten Dienstleistung behandelt werden. Entmündigt deshalb, weil Eltern ihren Kindern die Jugendweihefeier nur durch eine finanzielle Gegenleistung ermöglichen können.

Besonders frappierend ist, daß der Verein sich bemüht, die Weihlinge bei regionalen Dienstleistungsunternehmen zu vermitteln. Schon auf den Anmeldeformularen zur Jugendweihe wird den Eltern die Dienstleistung offeriert, Angebote zu übergeben, d.h. durch Weitergabe der Adressen für den Versand von Werbematerialien der Sponsoren zu sorgen. Wer die Anmeldung unterschreibt, akzeptiert diese Dienstleistungen.

Gerade für die Eltern, die oft selbst die Jugendweihe erlebten und es nun ihrem eigenen Kind ermöglichen wollen, war und ist es eine bittere Erfahrung. Meist waren die vom Verein geforderten finanziellen Mittel und der dafür gebotene feierliche Rahmen der Jugendweihefeier nicht miteinander zu vereinbaren:

„ Für den Betrag, den sie verlangen, könnte man schon mehr erwarten. Ich meene, daß man dann och zusätzlich finanzieren muß... ."[148]

---

[145] Vgl. MEIER, ANDREAS (Hg.) Jugendweihe- JugendFEIER. Ein deutsches nostalgisches Fest vor und nach 1990, dtv- München 1998. S.48.
[146] Vgl. Interview mit Daniel. P. vom 25.07.1998, S. III Z. 14- 17.
[147] Interview mit Peter. S. vom 29.07.1998, S. III Z. 46- 50.
[148] Interview mit Frau P. Mutter von Daniel vom 25.07.1998, S. V Z. 28- 31.

Für diese Aussage sind Ursachen in folgenden Zusammenhang zu suchen:
Die Jugendweihe wurde in der DDR den Jugendlichen kostenfrei offenbart. Sicherlich zum einen darum, um möglichst viele Teilnehmer zu gewinnen. Zum anderen war diese Feier ein symbolischer Weiheakt, nämlich den Jugendlichen den Übergang vom Kind- zum Erwachsenenalter zu ermöglichen. Gleichzeitig sollte jedoch u.a. durch die Jugendstunden den Jugendlichen der Sozialismus näher gebracht werden.

Heute scheint diese Feier eher einen humanistischen Charakter mit kommerzieller Orientierung zu haben. Die Ostdeutschen müssen für Begebenheit bezahlen, die zu DDR Zeiten für ihre Kinder kostenlos angeboten wurden. Nach der Wiedervereinigung fiel es vielen Eltern schwer, sich umzustellen und für Anlässe wie diese zu bezahlen.

Diese Verbitterung wird jedoch schnell vom Stolz der Eltern darüber verdrängt, daß ihr Kind jetzt in die Welt der Erwachsenen aufgenommen wurde, und nun selbst Verantwortung für das eigene Leben übernehmen soll. Dieser Stolz, daß ihr Kind jetzt zu den Erwachsenen zählt, resultiert auch aus der eigenen Erfahrung vieler Eltern, die selbst mit 14 Jahren im Mittelpunkt der Erwachsenenwelt gestanden haben, und erzeugt den Wunsch , diesen erhabenen Moment auch seinen eigenen Kindern weiterzugeben.
Vielmehr scheint für die Befragten der Wunsch der Eltern ein Hauptgrund zu sein, um selbst an der Jugendweihe teilzunehmen. Wie sie selbst, soll auch ihr Kind einmal im Mittelpunkt eines besonderen Festes stehen:

„Ja, wie gesagt, wir selbst hatten och Jugendweihe und für uns war's eigentlich sehr wichtig, trotz des Sozialismus. Für uns war es damals een wichtiger Tag und es gehörte halt dazu in unserem Leben. Wenn man noch heute daran denkt, oh Gott, oh Gott. Aber es war damals wirklich een Abschnitt für uns, ein Höhepunkt. Und das wollten wir für D., daß er das auch mit erleben kann."[149]

---

[149] Interview mit Frau P. Mutter von Daniel am 25.07.1998. S. VI Z. 29- 34.

Ein Abschnitt, ein Höhepunkt- wieviel Erlebnisse bezeichnen wir in unserem Leben als ein Höhepunkt? Vielmals sind es Ereignisse, die nur einmalig im Leben sind, wie Taufe oder Hochzeit. Höhepunkt scheint für viele Eltern auch die Jugendweihe ihres Kindes zu sein, aber auch für die Jugendlichen selbst?

Durch den Wandel vieler ostdeutscher Lebensansichten und sozialer Verhaltensweisen nach der Wiedervereinigung ist dieses Festhalten an einer gemeinsam erlebten Feier durchaus verständlich.
Zu diesem Ereignis sehen es die Eltern unverkennbar als ihre Aufgabe an, die Jugendlichen an das Bewußtsein heran zu führen, daß die Jugendweihe auch Verantwortung für das eigene Leben zu übernehmen heißt:

„hallo, wir ham ein großes Kind, jetzt ist's soweit und jetzt äh geht's eigentlich anders lang. Jetzt ist die Kindheit als solches ist vorbei. So in dieser Richtung so ging das auch. Ja, jetzt müssen´se lernen, selber Verantwortung zu tragen. Und so ham wir das als Familie auch gesehen." [150]

Verantwortung für das eigene Leben zu übernehmen, für Streiche und Späße gerade zu stehen, die man als 14jährige so macht, sind für viele Teenies eine Aufgabe, die ihnen sicherlich nach diesem Fest noch nicht bewußt ist. Der Wunsch der Eltern, ein großes Kind im Haus zu haben, ist ein Hauptanliegen, das von den Veranstaltern der Jugendweihe propagiert wird:

„ Liebe Mädchen und Jungen,
ihr seid jetzt 13- oder 14 Jahre alt- keine Kinder mehr, aber auch noch nicht so richtig erwachsen... .
Jetzt ist es für Euch an der Zeit, den Schritt in einen neuen Lebensabschnitt zu gehen, selbständiger zu entscheiden, verantwortlicher zu handeln, zu beginnen, daß eigene Leben selbst in die Hände zu nehmen."[151]

---

[150] Interview mit Frau M., Mutter von Thorsten am 30.07.1998. S. V, Z. 25-27.
[151] SÄCHSISCHER VERBAND FÜR JUGENDARBEIT UND JUGENDWEIHE e.V.: Broschüre des Verbandes zur Jugendweihe 1998. S.1.

Doch was verbindet die Jugendlichen mit der Jugendweihe? Welchen Wert besitzt die Jugendweihe in den Augen der 14jährigen?

Als einer der wenigen erkennbaren Werte der Jugendweihe, sei an dieser Stelle die Identifizierung mit der „Welt der Erwachsenen" genannt. Das immer stärker werdende Verlangen nach einer neuen Identität, und der Wunsch nicht mehr zu den „Kleinen" gezählt zu werden, drückte einer der befragten Jungen folgendermaßen aus:

„Naja, also wenn man da vorne steht und die ganze Verwandtschaft dann sehen, daß ich jetzt erwachsen bin, dann könn´se jetzt och nich mehr sagen, daß ich noch kleen bin."[152]

An dieser Stelle bleibt die Frage jedoch offen, was Verband, Eltern und Jugendliche unter einer „neuen Identität" verstehen. Zu klären sei weiterhin, welche erkennbaren Faktoren zu einer neuen Identität gehören.

---

[152] Interview mit Daniel P. am 25.07. 1998. S. VI, Z. 22- 24.

7.3   VORBEREITUNGEN DER JUGENDLICHEN AUF DIE JUGENDWEIHE

Der Sächsische Verband für Jugendarbeit und Jugendweihe e.V. konstatiert als Ursache für die Attraktivität der Jugendweihe bei den 13 bis 15jährigen ein Vakuum, ein Alleingelassensein. In der DDR waren die Inhalte der Jugendweihe von der sozialistischen und kommunistischen Ideologie ausgefüllt und geprägt. Nach dem Wegfall einer ganzen ideologischen Erziehungsmethode versuchte auch der Sächsische Verband nach seiner Gründung die Jugendweihe, und somit auch die Vorbereitungsstunden mit neuem Inhalt zu füllen. Um eine möglichst breite Akzeptanz unter den Jugendlichen zu erreichen, bietet der Verein Veranstaltungen an, die ihnen vor allem Spaß bereiten und attraktive Erlebnisse bieten sollen.[153] In der Broschüre, die jeder Jugendliche nach seiner Anmeldung erhält, erläutert die Geschäftsstelle Sachsen, daß ihr Veranstaltungsangebot zur Vorbereitung der Festveranstaltungen zur Jugendweihe das ganze Jahr für jeden zu Verfügung stehen. „Im Freizeit- Reisekatalog möchten wir Euch ein kleines Stück auf den Weg ins Erwachsenenalter begleiten", so der Geschäftsleiter.[154] In ihm finden die Jugendlichen Gesprächsrunden und Fahrten sowie Bildungsmöglichkeiten jeglicher Art.

Im Allgemeinen bewegen sich die Unkosten für die Vorbereitungsangebote des Verbandes zwischen 40,- und 250,- DM.
Sollte der angemeldete Weihling nicht teilnehmen können, werden ihm die Eintrittspreise, Fahrt- u. Materialkosten nur zurückerstattet, wenn sein Ausbleiben mindestens vierzehn Tage im voraus angekündigt wird. Den Unkostenbeitrag behält der Sächsische Verband für Jugendarbeit und Jugendweihe e.V. immer ein. Da Krankheiten sich selten zwei Wochen vor Beginn ankündigen, gehen diese Finanzierungsregelungen des Verbandes eindeutig zu Lasten der erkrankten Angemeldeten.

---

[153] Vgl. SÄCHSISCHER VERBAND FÜR JUGENDARBEIT UND JUGENDWEIHE E.V. Freizeitkalender 1997/98. S.1.
[154] SÄCHSISCHER VERBAND FÜR JUGENDARBEIT UND JUGENDWEIHE e.V., Freizeitkalender 1997/ 98. S.1.

Damit ist das Gerüst der Vorbereitungsstunden des Veranstalters dargestellt. Folgend werde ich versuchen, eine Wertung über die Gestaltung der Vorbereitungsstunden zu geben. Dabei werden die Eindrücke und Erfahrungen der Befragten mit einbezogen.

Die Reaktionen und Meinungen der Jugendlichen auf die Frage nach den Vorbereitungsveranstaltungen waren sehr unterschiedlich. Im Rahmen der Befragung wurde deutlich, daß kaum einer der befragten Jugendlichen die Angebote des Vereines wahrnahm. Der Sächsische Verband für Jugendarbeit und Jugendweihe e.V. scheint daher eher ein schlichtes Freizeitangebot für die 13 bis 15jährigen zu offerieren. Den überwiegenden Teil bilden verschiedene Tagesfahrten sowie mehrtägige Reisen. Charakteristisch für diese Angebote, die den Jugendlichen Spaß und Attraktivität vermitteln sollen, sind die drei genannten Fahrten: Eine Reise führte nach Oberodewitz zur Sommerrodelbahn, wobei als Informationen nur Fahrtkosten und Termin den Jugendlichen zu Verfügung standen. Ein weiterer Ausflug lud die Jugendlichen nach Dresden ein, um eine Führung in der Semperoper zu genießen. Als drittes Ziel einer Tagesfahrt stand eine Reise in die „goldene Stadt Prag" auf dem Programm. Jede Tagesfahrt wird vom Reiseveranstalter des Verbandes, dem Reisebüro „tweeny" Tours, sowie dem regionalen Omnibusbetrieb Siegfried Wilhelm durchgeführt.

Wie auch zu DDR Zeiten wird den Jugendlichen ein Besuch der Mahn- und Gedenkstätte Buchenwald angeboten. Die Ausgaben für diese Fahrt betragen 40 DM. Im Fahrpreis enthalten sind die An- und Rückreise sowie der Besuch der Mahn- und Gedenkstätte mit Dokumentarfilm über das Lagerleben. Hier wird versucht einer vielleicht unterhaltsamen Unternehmung ein ideologisches Ziel zu geben. Jugendliche, die sich für Wissenschaft und Technik interessieren, können das Planetarium in Jena besuchen.

Weder über die Geschichte der Jugendweihe, noch über ihren Stellenwert in den verschiedenen Gesellschaftsformen, wird den 13- 15jährigen etwas vermittelt. Ebenso wird auf altersgemäße Probleme der Jugendlichen, und Schwierigkeiten ihrer Entwicklung, nur sehr spärlich eingegangen. Erst auf den letzten zwei Seiten offeriert der Verband den Jugendlichen Gesprächsrunden wie: „Wir Sachsen sind Spitze, ohne Joint und Spritze" oder Politik zum Anfassen unter dem Thema: „Bautzen im April 1945"[155]

---

[155] SÄCHSISCHER VERBAND FÜR JUGENDARBEIT UND JUGENDWEIHE e.V. Freizeitkalender 1997/ 98. S.1- 24.

Somit ist es verständlich, daß explizit 14jährige Jungen ihre eigenen Freizeitmöglichkeiten interessanter finden. Ein konsultierter Jugendlicher erinnert sich:

„Es kommt halt immer auf meine Zeit an. Ich hab eben och viel zu tun und wenn die Termine sich mit meinen geschnitten hätten, dann wäre ich och nich hingegangen. Also, wenn ein Fußballspiel zu spielen gewesen wäre, dann hätte ich es vorgezogen, habe ich ja och...."[156]

Eine am Interview beteiligte Mutter begründet die Interesselosigkeit der Jugendlichen an den Freizeitangeboten des Sächsischen Verbandes wie folgt:

„... viele [sehen] schon wieder ein muß dahinter, so eben wenn ein Angebot wäre, dann „oh ne da geh ich nich hin". Das ist leider so."[157]

Hierbei ist zu berücksichtigen, daß die Jugendweiheveranstaltungen in der DDR den Jugendlichen zum Zwang wurden. Heute heben die alten/ neuen Jugend-weiheveranstalter die Freiwilligkeit hervor, als hätten sie sie gewollt und als wären sie die Garanten dafür, daß die Teilnahme an der Jugendweihe nicht mehr erzwungen ist. Fakt ist aber, daß nach der politischen Wende in der DDR den Vereinen, die die Jugendweihe bisher durchführten, jede staatlich zugesicherte Autorität und Unterstützung entzogen wurde. Somit fehlt den Vereinen jede Grundlage, die Jugendlichen zur Jugendweihe zu nötigen, wie beispielsweise durch die Verweigerung der Zulassung an einer Oberschule. Die Freiwilligkeit garantiert nun der freiheitlich demokratische Rechtsstaat.

Die Erinnerung über die 'Zwanghaftigkeit', die die Jugendweihe in der DDR inne hatte, ist in den Köpfen vieler Jugendlicher aus der DDR geblieben, die selbst heut Mutter oder Vater sind. Ich behaupte, daß die Ursachen für das Fernbleiben u.a. von den Angeboten folgende Punkte sind:

---

[156] Interview mit Daniel.P. am 25.07. 1998. S. XI Z. 18- 21.
[157] Interview mit Frau P. Mutter von Daniel am 25.07. 1998. S. XII Z. 1- 4.

a) Der Verband offeriert sein Angebot vergleichbar mit einem Reisebüro. Den Jugendlichen werden in der Broschüre nur Reiseziel und Fahrtkosten unterbreitet. Die fehlenden Informationen über das Wesentliche der Tagesfahrten, sowie der Reisen, sehe ich als einen Grund des Desinteresses.

b) Gesprächsrunden sind ein Ansatz die meines Erachtens sehr sinnvoll und ergiebig sein können. Weniger überzeugend sind jedoch die vorher erwähnten Themen. Ich vermisse Angebote, die Jugendliche explizit auf einen neuen Lebensabschnitt vorbereiten und ihnen bei ihrer neuen „Identitätsentwicklung" unter die Arme greifen, zum Beispiel Veranstaltungen wichtig, die ihr eigenes Lebens apodiktisch betreffen. Dabei sind Themen entscheidend, die Zukunftsperspektiven- und vorstellungen und dem gegenüber ihre Chancen und Möglichkeiten, sei es die berufliche Karriere, oder einfach nur die Auseinandersetzung mit dem momentanen Stand ihrer Berufschancen. Weiterhin können beispielsweise Projekte angeboten werden, die Weihlinge gemeinsam nach ihren Interessen aufstellen und bearbeiten können. Das unterstützt nicht nur deren Phantasie und Engagement, sondern sie haben eine Aufgabe, die sie selbst bewältigen müssen. Dabei können sie ein Gespür von Verantwortung entwickeln, daß Erwachsenwerden voraussetzt.

c) Auffallend an den Angeboten des Sächsischen Verbandes für Jugendarbeit und Jugendweihe e.V. ist, daß keine tendenziell feststehenden Termine vorgeschlagen werden. Die Jugendlichen müssen selbst entscheiden, was

ihnen wichtig ist. Meiner Meinung nach brauchen 14jährige eine Vorgabe, um sich selbst Richtlinien und Ziele zu setzen. Somit halte ich es für dringend erforderlich, daß zur Teilnahme an der Jugendweihe eine Mindestanzahl an Veranstaltungen besucht werden müssen, die auf einer Teilnehmerkarte eingetragen werden. Die Veranstaltungen sollten vom Weihling selbst ausgesucht werden können. Diese Programmangebote erklären das Fernbleiben der Jugendlichen von den Vorbereitungsstunden.

Fast alle befragten Jugendlichen stellten sich unter den Vorbereitungsstunden die Stellprobe im Theater vor. Dieses Vorhaben gestaltete sich in Zusammenarbeit mit dem Verein als eine Art absichernde Maßnahme, indem sie einen Tag vor dem Jugendweihetag den Ablauf der Feier mit den Jugendlichen vorbereiteten, um jegliche Pannen zu vermeiden. Doch selbst bei diesen wenigen wichtigen Stunden der Vorbereitung wurde Zeit gespart:

„wir hatten eene Stunde. Und da haben wir eigentlich och nur die Sache geprobt, also reinkommen in den Saal, auf der Bühne aufstellen. Aber das war een biß´l knapp gewesen. Da hätten sich die Zuschauer nicht wundern brauchen, wenn dann irgend etwas passiert wäre. Das fand ich, war irgend wie och een Fehler vom Verein. Das fand ich alles een biß´l zu oberflächlich...“[158]

Diese Sachlage ist vergleichbar mit einem Bühnenstück in einem Theater. Die Weihlinge sind verpflichtet, eine Rolle gut zu spielen, mit der sie sich jedoch noch nicht identifizieren können. Der Mangel an Zeit resultiert aus der Interesselosigkeit des Sächsischen Verbandes.

Desweitern ist diese Aussage ein Indiz dafür, daß bei manchem Jugendlichen ein Gefühl der Enttäuschung darüber entstand, daß ihr vielleicht schönstes und wichtigstes Ereignis als Abfolge einer Routineveranstaltung abgehandelt wird. Dem Veranstalter scheint offenbar die Reibungslosigkeit der Veranstaltung wichtiger zu sein.Die Wichtigkeit dieses Tages wird nicht durch die Veranstaltung des Verbandes hervorgehoben, sondern erst durch die nachfolgende inszenierte Familienfeier der Eltern.

Unter den nun folgenden Umständen ist es nicht verwunderlich, daß oft als Entgegnung auf die Frage nach dem Stellenwert der Jugendweihe, die erhaltenen Sach- und Geldgeschenke von den Eltern in den Aussagen der Jugendlichen genannt wurden. Im Rahmen der Befragung stellte ich fest, daß es schwer zu sein scheint, neben diesen äußeren und von den Beteiligten akzeptierten Formen der Jugendweihe auch inhaltliche Gründe aufzuzeigen, durch die sich das Fest rechtfertigen läßt. Diese vorherrschende Problematik macht die folgende Aussage eines Interviewten deutlich:

---

[158] Interview mit Thorsten. M. am 30.07.1998. S. IV, Z. 22- 27, u.a. Vgl. auch Interview mit Daniel. P. am 25.07.1998. S. III, Z. 24- 29.

„Die Jugendweihe hatte so überhaupt keene Bedeutung für mich. Es haben irgendwie alle gemacht und meine Mutti sagte, daß soll ich ruhig machen, weil sie das früher och hatte. Also sie hatte das, aber so hatte es für mich keene Bedeutung."[159]

Analog wird erkennbar, daß sich die Jungen kaum eigene Vorstellungen über die Bedeutung der Weihe machen können. So erzählte auch ein Jugendlicher über ein Gespräch mit seinen Klassenkameraden:

„Naja, also stolz drauf war keener so richtig. Wir ham uns mal darüber unterhalten. Und die einen meinten auch, gut die und die war o.k. und die anderen meinten, die Tanzgruppen, die warn ja wieder vollkommen daneben. Und dann warn halt och viele dabei, die überhaupt nich wußten, warum sie hier warn, die hampelten darum und guckten und so, mach ich jetzt mit oder so. Ja, vielleicht noch so viel- Dabei sein, die meisten wollten wirklich nur dabei sein und die ham och gesagt, die Jugendweihe hätte ich mir schenken können. Meine Eltern hätten mir och so die Geschenke geben können und das wär's gewesen.[160]

Es scheint, daß für die Jugendlichen die Jugendweihe eine Feier ist, wie jede andere auch und der Bezug zu ihr wohl nur daraus besteht, reich beschenkt zu werden und den Mittelpunkt im Familienkreis zu genießen.

Dieser vordergründig erkennbare Grund der Jugendlichen, an der Jugendweihe teilzunehmen, hinterläßt jedoch bei manchen Eltern ein Gefühl der Ernüchterung. Die Eltern der interviewten Jungen sahen diese Feier als unverkennbares Weiheritual an, in dessen Verlauf den   Jugendlichen Wertmaßstäbe für das Leben in einer akzentuierten Ernsthaftigkeit weitergegeben wird. Doch wie schon beschrieben, fällt es den Jugendlichen massiv schwer, sich ein eigenes Urteil über das „nicht mehr Kind sein" zu bilden. Die Jugendlichen bilden ihr Urteil über die Jugendweihe aus den Erinnerungen der Eltern. Dessenungeachtet bleibt das Faktum, daß die DDR-Jugendweihe in keinster Weise mit der heutigen Feier zu vereinbaren ist. Denn der Sächsische Verband verzichtet wie alle anderen Veranstalter von Jugendweihen auf

---

[159] Interview mit Peter. S. am 29.07. 1998. S. III, Z. 34- 38.
[160] Interview mit Daniel.P. am 25.07.1998. S. XI, Z. 25- 33.

das Gelöbnis. Das unterscheidet diese Jugendweihen nur formal von den DDR-Jugendweihen, denn im letzten Jahr der DDR fielen, wie gezeigt wurde, Änderungen des Gelöbnisses nicht schwer. Aus der Perspektive der ehemaligen Weihlinge die alle erklären, sie hätten ihr Gelöbnis nicht ernst genommen, schreibt der Verzicht auf das Gelöbnis im vereinten Deutschland schlicht den eigentlichen damaligen Zustand fest. Der Verzicht auf das Gelöbnis trennt das traditionelle Familienfest nicht nur von 36 Jahren Jugendweihe in der DDR, sondern grundsätzlich von der Tradition der Jugendweihe seit der Mitte des letzten Jahrhunderts. Ein Gelöbnis, durch das der Weihling im Mittelpunkt stand, hatte ihren Sinnhorizont zu sichern. Es schuf eine dauerhafte Verbindung in Form der Mitgliedschaft zwischen dem Weihling und dem Veranstalter. Die Jugendlichen in der Deutschen Demokratischen Republik hatten eine Pflicht zu erfüllen, ein Versprechen, daß sie öffentlich abgelegt haben und dieses zu erfüllen galt. An der heutigen Jugendweihe ist diese Pflichterfüllung unmöglich geworden, weil es nichts mehr zu versprechen gibt und die dazu vorausgesetzten Rahmenbedingungen nicht mehr vorherrschen.

Heute wird in den Veranstaltungen das Gelöbnis durch Dankesreden einzelner Weihlinge ersetzt, die freiwillig von den Jugendlichen vorgetragen werden. Dankesreden insbesondere an die Eltern:

„das eenz´sche was´e gemacht haben war, daß SchülerInnen etwas freiwillig gemacht haben. Die haben dann eene Dankesrede an die Eltern gesprochen und Vorstellungen, was sie von ihrem weiteren Leben haben, dargestellt. Das war eigentlich sehr gut, vor allen Dingen inhaltlich verständlich, beziehungsweise, wie halt unsere heutige Jugend ist, offen, ehrlich und een bißchen frech dabei, wie sie sich die Schule eigentlich vorstellen, was sie von ihren Eltern eigentlich noch erwarten, praktisch, was sie später mal in Aussicht haben."[161]

Eine Gelegenheit, wo die Jugendlichen explizit ihre Wünsche äußern konnten. Doch diese Wünsche lassen sich nicht mit den Erinnerungen der Eltern und den Vorstellungen der Jugendlichen vereinbaren. Frau M., Mutter von Thorsten erinnert sich:

„ das ist jetzt vielleicht wieder im Vergleich, ja parallel zur DDR- Jugendweihe, äh kommt das alles´een bißchen zu kurz, die Vorbereitung, dieses, was ist das und dieses, naja dieses Bewußtsein einer Verantwortung und so, das man sich mit solchen Dingen, äh eben auch auseinandersetzt, ja. Ich meine, diese Sache, daß wir nach Buchenwald, das war ja immer die Jugendweihefahrt, nach Buchenwald zu fahren und äh viele haben das äh bewertet, naja gut warum müssen die Kinder sich das denn angucken. Aber das sind ja in dem Sinne keine Kinder mehr, so in dem Sinne und ich finde das, äh nich schlecht, das man so was och mal gesehen hat. Also mich selbst hat's sehr beeindruckt, wo ich da war. Es ist also, gut es ist kein vergnügliches Erlebnis. Ja, aber das Leben besteht ja nich nur aus irgend welchen Fetz."[162]

Die Jugendarbeit als solches übermittelt den Jugendlichen keine mentalen Themen, die die Jugendweihe neutral und ideell geistig ausfüllt. So beschreibt es auch ein konsultierter Jugendlicher auf die Frage, welchen Wert die Jugendweihe im Leben hat:

Naja, vielleicht liegt es och an die Freunde. Wenn der eene geht, dann überredet er die anderen , die Jugendweihe och zu machen. Was sollen die denn machen, die keene Konfirmation haben, die stehn dann och ganz schön blöd da. Man hat halt was gemacht im Leben und das war eben die Jugendweihe. Vielleicht wollten die ja och alle, weil's die Generation, also die Eltern och gemacht haben."[163]

Ein Ersatz, der für die Eltern unverkennbar von großer Bedeutung ist. Jedoch eine Identifizierung mit dieser Konstellation war für beide befragten Mütter ein Dorn im Auge:

„Naja, Ersatz ist eigentlich etwas anderes, aber es ist analog, weil's in der gleichen Altersstufe ist und weil's een Übergang von äh der Kindheit zum Erwachsenensein ist."[164]

---

[161] Interview mit Frau P., Mutter von Daniel am 25.07.1998, S. IV Z. 13-19.
[162] Interview mit Frau M., Mutter von Thorsten am 30. 07. 1998. S. VII, Z. 10- 19.
[163] Interview mit Daniel.P. am 25.07.1998, S. XI, Z.17- 23.
[164] Interview mit Frau M., Mutter von Thorsten am 27.07.1998. S. XI, Z. 13- 15.

Die   Bedeutung der Jugendweihe als Ersatz zu Konfirmation/ Kommunion fällt immer mehr ins Gewicht. Ein Fest, daß sicherlich auch in der Bedeutung der Sach- und Wertgeschenke weiter ihren Wert behalten wird. Denn es wird im Ermessen der Veranstalter liegen, welchen Status die Vorbereitungsstunden einnehmen, und sich dann auch die Jugendlichen mehr in den Sinn der Jugendweihe lassen.

8 Resümee- Jugendweihe- Wirklich ein Fest für die Jugend oder Familientradition?

Anhand der Auswertung fünf befragter Jugendlicher und zwei beteiligter Mütter wurde der Versuch unternommen, den heutigen Stellenwert der Jugendweihe zu untersuchen. Dabei wurde besonderes Augenmerk auf die Bedeutung der Jugendweihe aus Sicht der Jugendlichen gelegt.

Gezeigt wurde hierbei folgendes:

Zunächst konnte erst durch die politische Wende in der Deutschen Demokratischen Republik die Teilnahme an der Jugendweihe wieder dem Prinzip der Freiwilligkeit folgen, daß von den Mitgliedern des Zentralen Ausschusses für Jugendweihe aus der DDR immer beansprucht, aber nie wirklich eingehalten wurde.

Zwar ist heute die Teilnahme an der Jugendweihe nicht mehr kostenlos- 125,- DM betrug die Gebühr in diesem Jahr beim Sächsischen Verband für Jugendarbeit und Jugendweihe e.V.- aber niemand ist gezwungen, mit diesem öffentlich dokumentierten Schritt auf dem Weg zum Erwachsensein ein Gelöbnis auf eine Ideologie und einen Staat einzugehen. Dennoch gestalteten sich diese Unkosten für die Eltern zu einem „unmoralischen Angebot", der nicht mit der moralischen Einbettung, die der Übergang vom Kind- zum Erwachsenenalter inne hat, zu vereinbaren war.

Organisiert vom Sächsischen Verband für Jugendarbeit und Jugendweihe e.V. werden Vorbereitungsstunden angeboten, die bisher kaum bei den Jugendlichen Beachtung nahmen. Die zahlreichen Freizeit- und Reiseangebote geben den Jugendweihlingen keine Richtlinien vor, die sie für ihren neuen Lebensabschnitt als Vorgabe ansehen können. Hier zeigt sich ebenfalls ein wesentlicher Unterschied zur DDR- Jugendweihe. Der Form nach war damals die Teilnahme am Jugendstundenprogramm zwar auch freiwillig, in der Praxis jedoch waren diese Veranstaltungen, vor allem in den 70er und 80er Jahren, Klassen- bzw. FDJ-Exkursionen, die über die Schule organisiert wurden. Damit war ein Fernbleiben nicht ohne weiteres möglich. Doch was verbindet die Jugendliche an der Jugendweihe? Nichts wird mehr gelobt, keine Verpflichtung zur Teilnahme am

„proletarischen Klassenkampf" oder zur aktiven Unterstützung der „revolutionären Hauptströme" wird eingegangen.[165]

Die Teilnahme an der heutigen Jugendweihe wird von den Erinnerungen der Eltern getragen. Sie haben überwiegend selbst dieses Initiationsritual erlebt und möchten ihren Kindern diesen erhabenen Moment, selbst einmal im Mittelpunkt zu stehen, bieten. Aus diesen vorangegangenen Tatsachen zufolge war festzustellen, daß es den Jugenlichen massiv schwer fiel, sich eine Vorstellung über das Erwachsenweden zu machen. Für sie selbst ist dieses Fest kaum von Bedeutung. Allein die Tatsache, infolge der Teilnahme an der Jugendweihe nicht mehr zu den „Kleinen" in der Gesellschaft zu gehören, hatte bei den befragten Jungen einen gewissen Stellenwert. Vielmehr sind die zahlreichen Sach- und Geldgeschenke, die auch zu DDR Zeiten einer der wichtigsten Teilnehmergründe waren, auch heute wieder für die Jugendlichen ausschlaggebend. Somit scheint diese Feier - unabhängig vom Systemwechsel- eher zu einer Familientradition als zu einem Fest für die Jugend geworden zu sein.

„Vielleicht", so resümierte ein Teilnehmer, „brauchen auch die Erwachsenen solch ein Fest, um zu begreifen, daß ihr Kind kein Kind mehr ist".[166]

Ob die Jugendweihe vor allem in den neuen Bundesländern zur Tradition geworden ist oder ob dahinter nur ein Nostalgiegefühl steckt, wird in den nächsten Jahren davon abhängen, inwieweit es gelingt, mit dem Weiheritual auch Inhalte zu verbinden.

---

[165] Vgl. TENORTH, HEINZ- ELMAR/ KUDELLA, SONJA u.a. (Hg.): Politisierung im Schulalltag der DDR. Durchsetzung und Scheitern einer Erziehungsambition. Deutscher Studien Verlag, Weinheim 1996. S. 241.
[166] Interview mit Daniel P. am 25.07. 1998. S. X Z 25-27.

9 Literaturverzeichnis

ADAM, H.: „Gedanken zur Jugendweihe." In: ALTERNATIVE ENQUETENKOMMISSION DEUTSCHE ZEITGESCHICHTE, ARBEITSGRUPPE, BILDUNG U.A. (Hg.) „Unfrieden in Deutschland, Bildungswesen und Pädagogik im Beitrittgebiet." Berlin 1994.

ANWEILER, OSKAR (Hg.) „Schulpolitik und Schulsystem in der DDR." Opladen 1988.

ANWEILER, OSKAR (Hg.) „Vergleich von Bildung und Erziehung in der DDR und in der BRD." Köln 1990.

ANWEILER, OSKAR/FUCHS, HANS- JÜRGEN U.A. „Bildungspolitik in Deutschland 1954- 1990. Ein historischer- vergleichender Quellenband". Bundeszentrale für politische Bildung Bonn 1992.

ARBEITSFÖRDERUNGSGESETZ 1: „Allgemeine Maßnahmen zur Arbeitsbeschaffung § 91 (Förderung der Schaffung von Arbeitsplätzen)." In: BECK, H. Texte dtv- München 22. Auflage 1993.

BEHNKEN, IMKE U.A. (Hg.) „Schülerstudie `90. Jugendliche im Prozeß der Vereinigung." Juventa Verlag Weihnheim und München 1991. Band 1 aus der Reihe Kindheiten.

BUTZMANN, GERHARDT/ GOTTSCHALG, JONNY U.A. (Hg.) „Jugendlexikon a- z." VEB Biographisches Institut Leipzig. S.330

FEIGE, WOLFGANG (Hg.) „Wege zur Weltanschauung." Volk und Wissen Volkseigener Verlag Berlin 1988.

Freie Presse Sachsen vom 06.05.1998

FRIEDRICH- EBERT- STIFTUNG (Hg): „Die DDR. Realitäten- Argumente- Gesellschaft: Bildung und Erziehung in der DDR im Umbruch." Minzel- Druck, Hof 1990

FRIEDRICH- EBERT- STIFTUNG (Hg) *„Die DDR. Realitäten- Argumente- Gesellschaft: Jugend in der DDR. Zu Jugendalltag und Jugendprobleme im Sozialimus".* Minzel- Druck, Hof 1989.

FRIEDRICH- EBERT- STIFTUNG (Hg) *„Die DDR. Realitäten- Argumente- Geschichte: Zur Geschichte der DDR. 40 Jahre unter Ulbricht und Honecker."* Verlag Neue Gesellschaft GmbH, Bonn 1988.

FUCHS, HANS- JÜRGEN/ PETERMANN, EBERHARDT: *„Bildungspolitik in der DDR. 1966-1990."* Dokumente. Berlin 1991.

FUCHS, HANS- WERNER (Hg.) *„Bildungspolitik seit der Wende. Dokumente zum Umbau des ostdeutschen Bildungssystems (1989- 1994)."* Leske und Budrich Opladen 1995.

GAWLIK, MARION U.A.: *„Jugendhilfe und sozialer Wandel. Die Lebenssituation Jugendlicher und der Aufbau der Jugendhilfe in Ostdeutschland."* DJI Verlag Deutsches Jugendinstitut, München 1995.

GIRTLER, ROLAND: *„Der Strich. Erotik der Straße."* Wien, Edition 1985.

GLASER/ STRAUSS, ANSELM: *„Die enstehenden Theorien."* IN: LAMNEK, SIEGFRIED: *„Qualitative Sozialforschung."* Band 1 Methodologie 3., korrigierte Auflage. Beltz Psychologie Verlags Union, Weinheim 1995.

HALLENBERG, BO (Hg.): *„Die Jugendweihe. Zur deutschen Jugendweihetraditon."* - Lund 1977.

HILLE, BABARA: *„Nicht nur Blauhemden. Die Situation der Jugendlichen in der ehemaligen DDR."*

ISEMEYER, MANFRED/ SÜHL, KLAUS (Hg.): *„Feste der Arbeiterbewegung: 100 Jahre Jugendweihe"* - Elefanten Press Berlin 1989.

JÄGER, MANFRED (Hg.): *„Kultur und Politik in der DDR. 1945- 1990."* Köln 1994.

KARDORFF, ERNST U.A. (Hg.) *„Handbuch Qualitative Sozialforschung. Grundlagen, Konzepte, Methoden und Anwendungen."* 2. Auflage, Beltz, Psychologie Verlags Union 1998.

KIRCHHÖFER, DIETER: „Aufwachsen in Ostdeutschland. Langzeitstudie über Tagesabläufe 10-14jähriger Kinder." Juventa Verlag Weinheim und München 1998. Band 14 aus der Reihe Kindheiten.

KOCKA, JÜRGEN/ SABROW, MARTIN(Hg.): „Die DDR als Geschichte. Fragen, Hypothesen, Perspektiven." Akademie Verlag Berlin, 1994.

KÖNIG, RENE (Hg.): „Praktische Sozialforschung 1. Das Interview. Formen, Technik, Auswertung." Kiepenheuer und Witsch, Köln, Berlin; Fünfte Auflage 1966.

KRÜGER, HEINZ- HERMANN/ MAROTZKI, WINFRIED (Hg.): „Pädagogik und Erziehungsalltag in der DDR." Leske und Budrich, Opladen 1994.

KRÜGER, HEINZ- HERMANN/ KÜHNEL, MARTIN U.A. (Hg.): „Transformationsprobleme in Ostdeutschland. Arbeit, Bildung, Sozialpolitik." Leske und Budrich 1995.

LAMNEK, SIEGFRIED (Hg.): „Qualitative Sozialforschung. Methoden und Techniken." Band 2, 3.; korrigierte Auflage. Beltz Psychologie Verlags Union 1996.

MÄHLERT, ULRICH/ STEPHAN, GERD- RÜDIGER (Hg): „Blaue Hemden, Rote Fahnen. Die Geschichte der Freien Deutschen Jugend." Leske und Budrich, Opladen 1996.

MEIER, ANDREAS (Hg.): „Jugendweihe- JugendFEIER. Ein deutsches nostalgisches Fest vor und nach 1990." dtv München 1998.

MICHALZIK, MARTIN (Hg.): „An der Seite der Genossen..." Offizielles Jugendbild und politische Sozialisation im SED- Staat. Zum Scheitern der sozialistischen Erziehung in der DDR." Verlag Ernst Knoth GmbH, Melle 1994.

PRILLER, ECKARDT: „Zur Entstehung des Dritten Sektors in Ostdeutschland. Funktion, Leistung und Selbstbewertung." IN: CORSTEN, MICHAEL/ VOELZKOW, HELMUT (Hg.) „Transformation zwischen Markt, Staat und Dritten Sektor."

RAUSCH, HEINZ: *„DDR. Das politische, wirtschaftliche und soziale System."* Bayrische Landeszentrale für politische Bildungsarbeit München 1988.

Sächsische Zeitung vom 06.05.1998

SCHENK, GÜNTHER (Hg.): *„Auswahlbiographie zur Erbetheorie- und Erbeforschung in der DDR von 1947- 1983."* Jugendprojekt der FDJ- Organisationen „Franz Mehring" der Sektion Marxistisch- leninistische Philosophie der Martin- Luther Universität Halle- Wittenberg Halle (Saale) 1983.

SCHNEIDER, ILONA KATHARINA (Hg.): *„Weltanschauliche Erziehung in der DDR. Normen- Praxis- Opposition."* Eine kommentierte Dokumentation. Leske und Budrich 1995.

SPÖHRLING, WALTER: *„Qualitative Sozialforschung."* IN: SCHEUCH, E.K./ SAHNER, H. (Hg.): *„Studienskripten zur Soziologie."* 2. Auflage. B.G. Teubner Stuttgart 1995.

10 Abkürzungsverzeichnis

ABM Arbeitsbeschaffungsmaßnahmen
Ca. Cirka
CDU Christlich Demokratische Union
CSU Christlich Sozialdemokratische Union
d.h. Daß heißt
DDR Deutsche Demokratische Republik
DFB Deutscher Frauenbund
DSF Deutsch Sowjetische Freundschaft
e.V. Eingetragener Verein
FDB Freier Deutscher Gewerkschaftsbund
FDJ Freie Deutsche Jugend
FDP Freidenker Partei
KKG Kommunistische Kindergruppen
KPD Kommunistische Partei Deutschlands
SAJ Sozialistische Arbeiterjugend
SBZ Sowjetische Besatzungszone
SED Sozialistische Einheitspartei Deutschland
SPD Sozialistische Partei Deutschland
u.a. Und andere
u.a.m. Und andere mehr
USPD Unabhängige Sozialdemokratische Partei Deutschland
Vgl. Vergleich
ZAJ Zentraler Ausschuß für Jugendweihe
ZK Zentral Komitee